PENSAR A INCOMUNICAÇÃO

COLEÇÃO ALDEIA GLOBAL

DOMINIQUE WOLTON

PENSAR A INCOMUNICAÇÃO

TRADUÇÃO DE
JUREMIR MACHADO DA SILVA

Editora Sulina

LE BORD DE L'EAU 2024 www.editionsbdl.com 33310 Lormont, França

Título original: Penser l'incommunication

Capa: Humberto Nunes
Projeto gráfico e editoração: Niura Fernanda
Revisão: Álvaro Nunes Larangeira
Editor: Luis Antonio Paim Gomes
Tradução: Juremir Machado da Silva

Coordenador da Coleção Aldeia Global: Juremir Machado da Silva

Dados Internacionais de Catalogação na Publicação (CIP)
Bibliotecária Responsável: Denise Mari de Andrade Souza – CRB 10/960

W869p Wolton, Dominique
Pensar a incomunicação / Dominique Wolton; tradução de Juremir Machado da Silva. -- Porto Alegre: Sulina, 2024.
136 p.; 14x21 cm.

Título Original: Penser l'incommunication.
ISBN: 978-65-5759-181-9

1. Comunicação. 2. Jornalismo. 3. Comunicação e Tecnologia. 4. Tecnologia da Informação - Internet. 3. Ciências Sociais. I. Título.

CDU: 316
CDD: 301.14

Rua Leopoldo Bier, 644, 4º andar – Santana
Cep: 90620-100 – Porto Alegre/RS
Fone: (0xx51) 3110.9801
www.editorasulina.com.br
e-mail: sulina@editorasulina.com.br

Novembro/2024
IMPRESSO NO BRASIL/PRINTED IN BRAZIL

Para D., El., Ed...

Sumário

PRÓLOGO

O POTE DE IOGURTE, O PEDAÇO DE BARBANTE E A COMUNICAÇÃO

Comunicação bem-sucedida? As crianças estão brincando e querem ligar umas para as outras. Elas pegam dois potes de iogurte conectados por um barbante. Foi-lhes dito que se falassem ao telefone, ou seja, no pote de iogurte, o outro ouviria pelo fio e poderia responder. Então as duas crianças decidem ligar uma para a outra. Elas se escondem a dez ou vinte metros uma da outra e conversam entre si:

– Você me escuta?

– Sim, eu ouço você.

– Você me escuta? Então fale comigo.

– Tudo bem, vou falar com você.

Cada uma ouve a outra, obviamente de forma direta, sem a intermediação do pote de iogurte e do barbante...

Hoje a cena é menos frequente, a tecnologia melhorou e a partir de certa idade as crianças usam smartphones, mas o essencial não mudou: a vontade de se falar por meio de uma tecnologia, que acaba por não conseguir estabelecer o contato. Na verdade, todos procuramos um pote de iogurte e um barbante para melhorar nossa comunicação. Por fim, na maioria das vezes, conversamos sem intermediário para tentar nos entender um pouco. Sem ter certeza de conseguir...

*

Uma teoria política da comunicação

Procurei reunir em três pequenos trabalhos uma síntese da minha pesquisa sobre uma teoria política da comunicação nas sociedades contemporâneas. A informação e a comunicação continuam a ser um campo científico e político insuficientemente estudado e valorizado.

***Informar não é comunicar* (2009)**

A revolução do século XXI não é tanto a da informação, mas a da comunicação. Não a da mensagem, mas a do relacionamento. Não a da distribuição de informação através de tecnologias sofisticadas, mas a das condições de aceitação, negociação ou recusa, por milhões de receptores. A informação esbarra na realidade do outro. Sonhamos com a aldeia global, redescobrimos a Torre de Babel.

***Comunicar é negociar* (2022)**

A globalização, apesar do desempenho das tecnologias, não reduziu as nossas dificuldades de compreensão mútua.

Perdida nas solidões interativas, cada pessoa procura o outro, que raramente está disponível. Negociar, conviver, tudo para evitar a falha de comunicação e o risco de guerra. A Europa é a ilustração paradoxal disso: nunca de acordo entre todos, mas sempre unida. Sonhamos com a comunicação como tecnologia perfeita e imediata, mas ela se revela frágil, política e humana. Enfrenta sempre o risco do Outro.

Pensar a incomunicação (2024)

Não há comunicação sem incomunicação[1], sem dificuldade em fazer-se compreender, em ouvir os outros, ou simplesmente em compartilhar algo. Incomunicação? Uma realidade massiva do século XXI, no centro das nossas experiências mais marcantes, como a vida social ou a globalização. A introdução desta terceira lógica teórica entre o sucesso e o fracasso é, portanto, essencial para repelir os riscos da *acomunicação*. Incomunicação? Um conceito essencial da comunicação política atual, ainda pouco compreendido. Eis do que tratará este terceiro volume...

[1] Por incomunicação Dominique Wolton entende a "dificuldade de comunicação", que obriga a negociar. A falta de comunicação ele chama de *acomunicação* (N.T.).

INTRODUÇÃO

"UMA INQUIETUDE SILENCIOSA"

Não há comunicação sem incomunicação, sem dificuldades em expressar-se, em ouvir os outros, ou simplesmente em compartilhar algo. Todos sonhamos em comunicar, em falar, em trocar, em participar, numa palavra, em amar e ser amados. Infelizmente desde muito cedo a experiência da incomunicação impõe-se a nós, com a exigência de negociar para evitar o fracasso. Como a comunicação é uma experiência difícil, tanto em nível individual quanto em nível coletivo, hoje, em escala global, fazemos de conta que nos compreendemos.

A incomunicação, por sua vez, é muitas vezes identificada com o fracasso, o que nem sempre acontece, longe disso. É antes um convite para manter os esforços e tentar encontrar um pouco de entendimento mútuo. Na incomunicação há uma perspectiva dinâmica, um apelo ao esforço, à ação, à procura de margem de manobra. Nem tudo é sinônimo de fracasso. Procuramos manter certa esperança, pois, na maioria das vezes, queremos interagir e tentar nos entender um pouco mais.

A incomunicação é, portanto, geralmente, tudo menos um fracasso. Ao contrário, na maioria das vezes, é um convite para insistir. Buscar um reinício para evitar o fracasso, ou seja, a *acomunicação*. Incomunicação ou perseverança. Confie em códigos comuns para tentar "ouvir" outras coisas. Essa dimensão existe em todas as formas de interação, privadas ou públicas, e obviamente aumenta à medida que as trocas se multiplicam. O problema é que falta legitimidade quando se trata da ideia de incomunicação, um pouco como acontece com a comunicação, muitas vezes identificada como desejo de influenciar e manipular.

Por que essa perda geral de confiança na comunicação se, contudo, não se pode viver sem ela?

Por ser uma história antiga, a história do Outro! Por que desconfiar tanto dos outros? Por que não confiar mais em si e neles? Porque a desvalorização da comunicação é proporcional à complexidade das nossas tarefas e das nossas dificuldades. Em suma, a incomunicação é essencial, especialmente numa época em que, com o triunfo da tecnologia, temos a impressão de poder nos compreender melhor. Sim, comunicar é procurar compartilhar, mas mais frequentemente é negociar e traduzir. Três funções ligadas à realidade da incomunicação. Tudo isso explica por que a comunicação não é considerada um conceito "nobre", menos nobre em todo caso que o de informação, coroado como o ideal normativo da "verdade".

Informação é verdade, comunicação é manipulação! Consequência? Impossível prescindir da comunicação. Impossível não desconfiar dela. Impossível não negociar. Hesitamos entre desejo, desconfiança e esperança. Dito de outra forma, a incomunicação expressa decepção com a comunicação. Pensar a incomunicação é, portanto, também tentar salvar a comunicação.

*

O objetivo deste livro não é apenas revalorizar o conceito de comunicação, essencial a todas as sociedades, ainda mais hoje com a globalização, mas também pensar o conceito de incomunicação sem o qual nenhuma compreensão mútua é finalmente possível. A incomunicação é a terceira lógica, entre a partilha e o fracasso. Ela é a intermediária que possibilita o reinício da negociação na esperança de evitar o fracasso. É ainda mais importante porque enfrenta a questão das relações com os outros. Uma situação sempre mais difícil que a da informação, centrada na mensagem.

Pensar e valorizar a incomunicação significa também contribuir para repensar as relações entre informação e comunicação num mundo saturado de interações e tecnologias. Há sempre esta questão: por que tão pouco interesse teórico pelo par informação-comunicação num momento em que a dupla revolução dos valores e das tecnologias confere a ambos um papel fundamental em nossas sociedades? Por que esta certeza, mais que discutível, segundo a qual o progresso tecnológico levaria ao progresso na comunicação humana?

Em suma, com a informação, a comunicação e a incomunicação, estamos no centro da revolução política e tecnológica do século XXI, sem que esses conceitos se beneficiem da legitimidade que merecem.

Uma das hipóteses deste livro é, portanto, pensar que a incomunicação é também um meio de revalorizar a importância teórica dos conceitos de informação e comunicação. Com efeito, assim que há uma troca, surge a questão do outro. Uma das mais complexos da vida. Sim, tudo se complica quando tudo se transforma em troca, quando as diferenças são mais visíveis, quando os contextos sociais se impõem e quando os indivíduos "creem" fervorosamente na tecnologia e na sua expressão. Além disso, a compreensão humana nem sempre é simples, sobretudo devido à confusão entre expressão e comunicação. Finalmente, muitas vezes, a comunicação "não funciona". Ou não por muito tempo. Ou muito mal. Ela oscila entre "deixa eu falar, tenho uma coisa a dizer", ou "não nos entendemos", ou "não entendo nada, repita", ou "eu ouço você, mas não o compreendo". Na verdade, a comunicação é sempre um risco, o risco do outro. É por isso que preferimos o silêncio, ou a eficácia da tecnologia. Essa desconfiança numa comunicação humana tão difícil explica por que a incomunicação dificilmente desperta interesse. Compreendemos então a atração pela tecnologia. Uma atração que pode ser facilmente adivinhada pela quantidade de horas passadas por dia pelos jovens e pelos não tão jovens diante das telas, nos teclados e nos smartphones em todos os países do mundo. A incomunicação aumenta proporcionalmente ao volume e à velocidade da troca de informações.

Está acontecendo um verdadeiro "diálogo de surdos", ainda mais que tudo é aparentemente "aberto" e "transparente". Cada vez mais interações, cada vez menos compreensão mútua. Incomunicação está se tornando uma das palavras mais características do século XXI, quase sinônimo de "com", subentendendo mentira, manipulação, influência.

Por que não pensar na hipótese oposta? O século XXI é o da incomunicação em comparação com o século XX, que foi o da informação e da comunicação? O que há de novo neste século XXI é, em última instância, a ruptura entre informação e comunicação. As duas deveriam se complementar, mas com o tempo elas se distanciaram. Essa ruptura explica o crescimento da incomunicação.

Comunicação, incomunicação e *acomunicação* estão ligadas à dinâmica da negociação num momento em que assistimos à multiplicação das trocas comunicacionais.

Reconhecer a importância da incomunicação significa, portanto, legitimar a comunicação como um todo, revalorizar a comunicação humana em relação à comunicação tecnológica e lutar contra a ideologia tecnicista. A incomunicação é um convite à negociação e o meio de repelir, se possível, a *acomunicação*, a guerra e a ruptura. E naturalmente quem afirma a importância da negociação legitima o lugar da alteridade.

Na realidade, esta antropologia da comunicação à qual dedico há muito tempo a minha pesquisa é inseparável do reconhecimento do conceito de incomunicação, que remete imediatamente para a questão do século XXI: a da alteridade. Alteridade? Uma das grandes questões deste século num mundo aberto onde tudo circula com muito pouco entendimento mútuo nem muito respeito. Alteridade, incomunicação e globalização estão intimamente ligadas. A guerra só será evitada se levarmos em conta o conceito de comunicação e a importância da incomunicação, portanto, da alteridade, ou seja, da negociação, não necessariamente para "compreender-se", mas para aprender a conviver.

Pouco razoável? De jeito algum. Foi isto que a Europa conseguiu construir, apesar de todos os riscos de fracasso, durante três gerações. O que resumi no título de um recente livro, *Viva a incomunicação! Vitória da Europa* (2020). Estamos, portanto, longe das bobagens sobre propaganda, manipulação e publicidade e, ao contrário, próximos das batalhas pela paz.

Incomunicação, conceito central da globalização, no sentido de que a globalização cria incomunicação e reforça outras incomunicações existentes em outros lugares. Aparece, portanto, depois da vitória da comunicação tecnológica e dos seus limites; após a ruptura dos vínculos entre informação e comunicação; após o reconhecimento do papel do receptor e do contexto social e cultural. Incomunicação ou terceira fase da comunicação, tanto do ponto de vista cronológico como teórico. De certa forma, vingança contra a tecnologia caracterizada pela performance. Mais uma etapa na história da comunicação. Sempre com este equilíbrio de poder entre duas concepções de comunicação, uma tecnológica e econômica, hoje amplamente dominante, a outra humanista e política, muito mais minoritária, à qual aderi. Em todo caso, é um pouco como o fim do mito de um mundo transparente, tecnológico e imediato que, durante mais de 50 anos, foi apresentado como o triunfo da globalização pacífica. O paradoxo é, portanto, que a incomunicação, percebida como um fracasso, é na realidade um fator positivo para ajudar a relançar a negociação e evitar, se possível, a guerra. Quanto mais aberto o mundo é, mais complicado tudo se torna. As diferenças são mais visíveis, com as hostilidades que as acompanham forçando-nos a negociar para evitar o pior. Este é o momento da incomunicação e da inversão do raciocínio. A incomunicação não é a falha da comunicação, mas a sua condição. A incomunicação exige que repensemos a comunicação e constitui uma escola de modéstia.

*

Pensar a incomunicação é, em suma, pensar o estado da comunicação no século XXI. Isso significa revalorizar o par informação-comunicação; reconhecer a importância da alteridade e os limites da comunicação tecnológica. É também o retorno da comunicação humana e com ela a reabilitação da política e, portanto, da negociação. Poderíamos estender esse raciocínio para outras situações sociais, como saúde, educação, política... em que também acreditávamos que com inteligência artificial, robôs, androides, motores de busca, tudo se tornaria mais simples e rápido. A negociação retorna ao ponto onde acreditávamos que a interatividade impulsionava o progresso. Não, a história não termina com o digital nem com as performances tecnológicas. Sim, voltamos à comunicação humana e política. Durante muito tempo, informar foi comunicar. O século XXI vê a ruptura entre os dois e a falha entre o homem e a tecnologia. O século XXI assiste ao retorno da comunicação humana para confrontar as interações ligadas à história, à política e gerir os limites da comunicação tecnológica. A incomunicação não é, portanto, um obstáculo ou uma falha de comunicação; é, ao contrário, uma condição favorável na era da terceira globalização. Ou seja, aquela que, depois da política e da economia, gere as contradições ligadas ao lugar crescente dos fenômenos culturais, linguísticos e religiosos.

O que me interessa hoje? Pensar nesta "terceira globalização"[2] na qual as tecnologias dominam, mas em que devemos reconhecer o lugar crescente do outro e redescobrir o elemento humano. A sedução pela comunicação tecnológica, tal como dominou durante mais de meio século, talvez apareça como um "parêntese" na longa história da comunicação humana, na qual a necessidade de negociação e coabitação nunca foi tão necessária.

Finalmente a "performance" da comunicação humana refere-se na maioria das vezes à lentidão da negociação; à fragilidade da convivência; à dificuldade do respeito mútuo. Estamos longe das utopias digitais apresentadas pelas indústrias imperiais de comunicações, GAFAM.[3]

Pensar a incomunicação é pensar a comunicação depois da internet, depois do triunfo da tecnologia. Significa redescobrir a complexidade da comunicação social, a procura de certa margem de manobra, a importância da política em vez da performance da tecnologia e da economia. É fugir destes dois estereótipos. A informação é a verdade. Comunicação é mentira. Isso para criticar a confusão entre aumentar o volume de informação e melhorar a democracia, o que significa distinguir entre a facilidade de acesso à informação e a capacidade cognitiva para processá-la.

---

2 Wolton, Dominique, L'autre mondialisation, Flammarion, 2003. Idem, La communication, les hommes, la politique, CNRS Édition, 2005.

3 GAFAM: Google, Amazon, Facebook, Apple, Microsoft. (N.T.).

Estabelece-se, portanto, uma estranha coabitação entre as promessas cada vez mais atraentes da inteligência artificial, dos robôs, do metaverso... e um questionamento silencioso, que ainda não é uma decepção, em relação ao mundo digital. Será sem dúvida necessário um grande acontecimento, uma avaria gigantesca, uma greve, para facilitar a necessária sensibilização. Não há dúvida de que a "revolução digital" enfrentará acontecimentos radicais e inesperados.

Em última instância, a descoberta do peso da incomunicação é quase reconfortante. Retorno dos humanos para onde pensávamos que a tecnologia organizaria tudo. O Homem Digital não é melhor nem mais eficiente que o Homem comum. O "homem digital aumentado" não é mais pacífico que o "homem pré-digital". Voltamos à Terra. Nada se tornou mais simples. A modernidade redescobre "o homem comum". De certa forma podemos dizer que a incomunicação sinaliza o retorno dos humanos, enquanto as máquinas ignoram a incomunicação e reinam com a interatividade. Pensar o pós-digital significa simplesmente um afastamento da "eficiência técnica" e colocar a questão da alteridade de volta no centro da comunicação, a eterna questão da violência. Nunca houve tanta transparência, nunca houve tanta violência...

Incomunicação? A terceira revolução da comunicação, com retorno à política e à negociação. Pensar a incomunicação significa revalorizar a negociação, a alteridade e afastar-se da teoria do fracasso. A comunicação se constrói entre alteridade, incomunicação e intercompreensão, entre negociação, relações de poder e confrontos. Reconhecer o estatuto de incomunicação implica ampliar o campo da comunicação. Em última análise, o símbolo da incomunicação é o reconhecimento do lugar do outro e da importância da negociação.

Essas mudanças contribuirão talvez para finalmente valorizar o conceito de comunicação há demasiado tempo desvalorizado e para admitir que há margem de manobra entre o "zero e um", uma terceira lógica, ligada à negociação.

Em todo caso, é fundamental que exista incomunicação! Não haveria nada pior do que um mundo em que tudo se comunicasse e todos se entendessem. O que faríamos com uma comunicação sempre bem-sucedida e "natural"? Não aos determinismos. Sim às negociações. Elas produzem cautela. Incomunicação? Uma das condições da nossa liberdade. O homem, sempre decepcionado com a comunicação humana, sonha com tecnologias para alcançar maior eficiência, antes de, muitas vezes, recorrer à negociação e aprender a se relacionar com os outros. Uma modéstia indispensável para evitar que a abertura do mundo se transforme num gigantesco e odioso pesadelo. A comunicação não é principalmente uma questão técnica e econômica, mas sim uma questão humana e política para tentar organizar a convivência com os outros da forma menos violenta possível.

*

Durante mais de trinta anos, neste campo de pesquisa e em alguns outros, tentei pensar sobre as questões teóricas e políticas da comunicação e promover este conceito, que é essencial para todas as questões humanistas e democráticas. Infelizmente não somos muitos e grande parte do trabalho acaba por aderir ao "irenismo tecnológico" dominante, para não falar da "tecnolatria". No entanto, é essencial uma abordagem crítica para pensar sobre as relações entre a tecnologia, a economia, o indivíduo, a sociedade e a história. O meu trabalho recente centra-se na evolução das relações entre comunicação, incomunicação e *acomunicação*, enfatizando a novidade teórica do conceito de incomunicação. Na realidade, quanto mais intercâmbios, interações e comunicações há, mais cruciais se revelam as questões de incomunicação, negociação e coabitação cultural.

CAPÍTULO I

Fadiga digital

Por que falar em "fadiga digital" quando GAFAM nunca foi tão triunfante? Cada nova tecnologia reforça os "benefícios" de uma sociedade dominada pela inteligência artificial, pelos robôs, pelo metaverso, pelas conexões, pelos androides, pelos agentes conversacionais do tipo ChatGPT... Nunca passamos de uma tecnologia de uma geração para outra em tão pouco tempo, com tantas promessas e tantas certezas.

Qual é a mensagem global atual? "A revolução está na ponta das redes e da tecnologia digital". Com este acréscimo amplamente aceito hoje: "Claro que será necessário regulamentar internet e GAFAM". No entanto, isto parecia estranhamente impossível há dez anos e era até considerado liberticida. Por outro lado, ainda há muito poucas críticas aos propósitos, concepções, usos, desigualdades e impasses.

Para qualquer dificuldade permanece a promessa de uma "solução" com as próximas gerações tecnológicas. De resto, não é a internet, em última instância, a principal esperança para a globalização, que de outra forma é triste, perigosa, angustiante e muito decepcionante? Os jovens vivem fisgados e viciados em telas e smartphones, em que tudo é digitalizado, a ponto de as gerações entre quinze e quarenta anos nem imaginarem como foi possível, ontem, não há muito tempo, viver, trabalhar, deslocar-se e se comunicar sem essas vias. Além disso, a "coabitação tecnológica" atual afeta todas as faixas etárias e todas as origens sociais. À menção a um mundo sem telas e sem interações, as pessoas olham para o interlocutor como se ele viesse de outro planeta, rapidamente rotulado de tecnofóbico, desatualizado, velho.

Um mundo sem internet é impossível. Essa é a ideia dominante? Obviamente uma nova sociedade já está aí. Cabe adaptar-se para não ficar tragicamente ultrapassado. Quase uma forma de culpa. Como o domínio GAFAM parece, em última instância, amigável, não haveria com o que se preocupar. A sensação de "liberdade" prevalece sobre a ameaça às liberdades individuais e coletivas. Os homens nunca foram tão livres, mas também nunca foram tão conectados a múltiplas redes e nunca foram tão controlados. Livres, mas vigiados como se não aguentássemos essa liberdade. Em suma, nunca estamos sozinhos diante de nós mesmos. O que significa essa estranha extensão de nós mesmos através dessas inúmeras interações?

Em resumo, como podemos falar de fadiga digital quando temos a impressão de estar num oceano de liberdade e emancipação?

É característico de uma ideologia dominante apresentar-se como óbvia, eterna, sem substitutos e sem crítica.

Prova do poder da ideologia tecnicista? Se alguém se atreve a questionar o significado desta imensa mutação tecnológica, apressa-se a acrescentar esta terrível frase, "mas saiba de que não sou contra a internet, não a critico", por medo de ser suspeito de tecnofobia. Uma ideologia não suporta críticas. O fato de existirem poucas reflexões e curiosidades sobre "o pós-digital" reforça o sentimento desta evidência histórica. Estamos num presente indefinido, as contradições são reduzidas ao estado de inadequação. Quase somos obrigados a ser menos céticos e convidados a finalmente nos adaptar à modernidade. Porque o digital é obviamente sinônimo de modernidade.

No entanto, é essencial pensar e criticar os limites da tecnologia digital. Sim, é perigoso ter tão pouco pensamento crítico, imaginação e liberdade. Sim, é fundamental reabrir a história. Sim, ela não para com GAFAM e internet. Sim, haverá uma pós-internet.

Limites da utopia técnica

Na realidade, instala-se uma discreta desilusão nas relações entre tecnologia, informação e comunicação. Não só não mudou substancialmente a relação entre os homens e as sociedades, como a internet é utilizada tanto nas ditaduras como nas democracias. Onde está então a ruptura radical?

Todo mundo quer ser "moderno". Mas o homem não é mais livre, generoso e altruísta na ponta das redes. A sua utilização não altera a natureza das relações sociais e humanas. As informações podem ser honestas ou desonestas com ou sem redes. No entanto, instalou-se uma espécie de fascínio banal. Mas, ao mesmo tempo, há uma espécie de cansaço em relação a esse interminável progresso tecnológico. Devemos acompanhar e adaptar-nos constantemente às novidades tecnológicas. Por que deveria o determinismo tecnológico ser eternamente bom e progressista, mesmo que seja fascinante? E se as gerações atuais da internet fossem as primeiras a se fazer alguns questionamentos?

Se olharmos para trás, para a ideologia da globalização dos anos 1980-2000, tudo deveria centrar-se em trocas e liberdades. Tudo seria fluido. No entanto, as paredes, no sentido físico e cognitivo, nunca foram tantas. O outro tem se tornado cada vez mais próximo e preocupado, apesar das liberdades e das interações. A sociedade "online" esbarra na infinidade de heterogeneidades. Nada é plano e infinitas burocracias retardam a fluidez da sociedade de redes e comunidades. Sem falar nas desigualdades que continuam a crescer no mundo interativo. Além disso, tudo é ou será pago. A gratuidade como lógica de apelo desaparece rapidamente. Nada é de graça.

Na verdade, o imenso sucesso da internet diz respeito à informação como serviço, o que é, em última instância e paradoxalmente, percebido como um progresso na comunicação humana. Claro, é prático, mas não muda vidas. A questão essencial é menos a eficácia deste jogo de perguntas e respostas do serviço de informação do que aquela colocada várias vezes ao dia: "Onde você está?". Pergunta feita por todos e que é o símbolo da busca pelo outro, pelo outro humano. O smartphone fascina pela infinidade de aplicativos e serviços oferecidos, mas, na maioria das vezes, são as relações humanas que são buscadas por trás do "onde você está?". Passamos horas conversando como se o silêncio fosse perigoso. Na realidade, temos medo de ficar sozinhos. A velocidade, a interatividade e a performance não compensam a difícil busca pelo entendimento mútuo nem a provação da solidão.

Se todos fingem estar fascinados por conexões, robôs e motores de busca, não há nada que prove que os utilizadores da internet estão tão "a bordo" como dizem. Também aí há uma terrível ironia. O mundo dos serviços e aplicativos não substitui a busca pelos outros. Os usuários da internet são cada vez menos ingênuos. Indivíduos aparentemente "dominados" por interações tecnicistas são talvez menos "alienados" do que parecem. Se todos usam o smartphone a cada dois minutos, muitas vezes é uma questão de reflexo, hábito e medo do vazio. O uso diário é ao mesmo tempo uma libertação, uma alienação e uma banalização. Também aqui haverá desgaste técnico. Há também um paradoxo. Admiramos a rapidez e o desempenho das técnicas sabendo que, ao longo do tempo, somos mais fascinados pelos mistérios da comunicação humana. Uma das maiores realidades do século XX? A crescente disjunção entre informação e comunicação. Gerenciamos bilhões de informações, almejamos a realidade da comunicação humana. Ou seja, a revolução digital acentua a incomunicação, que, graças à tecnologia, deveria, ao contrário, diminuir. Sim à explosão de informações e dados, mas não à ideia de que a compreensão mútua melhoraria. Cria-se um fosso radical, demasiado ignorado, entre a informação e a comunicação. As tecnologias dominam uma sociedade digital, mas nada indica que os seres humanos sejam enganados. Ainda mais que a eclosão da informação é obviamente compatível com tantos boatos, notícias falsas, estereótipos, rastreabilidade, manipulação, etc. Sem maior relação com o ideal de transparência e objetividade.

Mesmo a espetacular indústria de dados não garante mais verdade do que o mundo da mídia, da imprensa e dos livros fazia.

A tecnologia não tem mais ligação direta com a comunicação no sentido de emancipação. Não só não é necessariamente mais eficiente do que a comunicação humana como também acarreta riscos de anomia em que não tínhamos pensado. A incomunicação humana não é naturalmente reduzida pelo desempenho técnico. Os "aplicativos" nada fazem a esse respeito. A tragédia do mundo moderno? Todos estão sozinhos, maravilhosa e efetivamente conectados ao mundo, mas sem necessariamente muito contato físico e compreensão mútua. Os "dados" perderam um degrau na escada da história...

Contradição radical entre informação política e economia de dados

A indústria de dados simbolizada pela onipotência de GAFAM está gradualmente matando o conceito de informação política nascido no século XVII, mantendo, ao mesmo tempo, o seu cheiro e cor. Os dados cada vez mais invasivos têm pouco a ver com informação política ligada à luta pela liberdade de pensamento e pela democracia. Não, não há continuidade entre informação política e informação econômica. Não, a informação política não é a ancestral dos dados, é o contrário. Sim, essa desconexão de valores e essa falsa continuidade são perigosas.

Essa pseudocontinuidade explica os cinco impasses atuais da informação. O fluxo crescente de informação não cria mais diversidade, mas, ao contrário, mais racionalização. Boatos e notícias falsas se espalham na velocidade dos fluxos de informação. O volume de informações e a mistura de referências não aumentam o número de boas notícias e não tornam o mundo mais compreensível, ao contrário, causam até ansiedade. A rastreabilidade ameaça diretamente as liberdades fundamentais. GAFAM estabelece-se, inclusive, contra os Estados, como dona do jogo.

Sem falar no lado "sombrio" da internet sobre o qual pouco se diz. A "regulação" da informação é apresentada como uma extensão da liberdade quando na realidade é apenas a racionalização das trocas comerciais. Como resultado, trata-se menos de uma questão de progresso no acesso à informação do que de uma racionalização das relações econômicas e sociais. O risco? A ilusão de ser "livre" com o triunfo da lógica da "demanda" quando se trata antes de uma questão de segmentação inteligente. A diversificação do mercado e o apoio à rastreabilidade têm pouco a ver com mais liberdades. Além disso, a influência da comunicação tecnológica, com as suas especificidades e limites, mina o lugar da comunicação humana, naturalmente menos eficaz, mas mais subversiva. Nesse confronto é a comunicação humana que, muitas vezes, perde, mesmo que frequentemente continue a ser o horizonte da comunicação tecnológica.

Na verdade, deu-se um duplo passe de mágica entre informação e comunicação, entre comunicação humana e comunicação técnica. O progresso tecnológico reforçou o desenvolvimento de informação digital séria, eficiente e coerente. A comunicação permaneceu humana, subjetiva e irracional. Preferimos a primeira, embora uma comunicação humana seja mais complexa e mais interessante. Em todo caso, é com ela que vivemos. Ocorreu um deslizamento. Tudo o que se refere à informação e comunicação técnica é visto como objetivo e, além disso, "moderno". Tudo o que diz respeito à comunicação e à comunicação humana é subjetivo, até irracional. Formidável truque de mágica. Numa palavra, falamos em melhorar as relações, mas apenas racionalizamos as trocas.

A principal contradição continua a ser o ideal libertário da tecnologia digital em relação ao enorme poder de GAFAM, que há 50 anos domina as dimensões da economia e da sociedade digital. Nossos pequenos smartphones são controlados por nossas interações, das mais íntimas às múltiplas aplicações de informações de serviço. Tudo que é símbolo da nossa liberdade é rastreado e pode ser controlado.

Há, portanto, ao mesmo tempo, a busca pela liberdade, que está no coração da "revolução da internet", e controle da "sociedade digital" por GAFAM. Onde estão as revoltas contra GAFAM? Por que são tão poucas? Em vez disso, continuamos uma corrida frenética para tirar vantagens. A desconfiança é adiada para depois de amanhã... O que resta da utopia política e humanista da internet? A dominação dos "dados" constitui um novo imperialismo e não uma sociedade mais livre e unida. Por que não há mais protestos neste momento? Porque o progresso parece maior que os riscos e intuitivamente prevalece a ideia de que encontraremos uma solução. O mundo tecnológico ainda é tão atrativo, por que ter medo dele? Sonhamos com uma espécie de confiança compartilhada.

Cinco outras contradições surgem com o que tem sido chamado de "revolução da informação". Primeiro, a abundância de informação, essa facilidade de acesso, na verdade, deslegitima a informação. A curiosidade fica embotada porque tudo se torna acessível muito rapidamente, criando uma ilusão de transparência. Passamos da exploração para a banalização e a desconfiança. A violência e a falta de comunicação estão sempre presentes. O homem imerso num oceano de informações não é melhor nem mais sábio. Reforça-se a relação com o mundo e com as suas ilusões de transparência e facilidade. Adaptar-se às mudanças tecnológicas torna-se uma obsessão e confundimos saber adaptar-se com manter distância crítica. Não há qualquer relação entre aprender a usar as ferramentas e desenvolver pensamento crítico. Velocidade de adaptação não é sinônimo de distância. O tempo economizado não é sinônimo de reflexão crítica, paz e respeito ao próximo. Adaptar-se sempre a coisas novas não equivale a progresso.

Isso cria o medo de "estar atrasado"? Em relação a quem? Para quê? A ansiedade da modernidade e da adaptação não é universal, nem uma filosofia do tempo, nem uma política. Especialmente, segunda contradição, por que a invasão da informação e suas aplicações é indissociável do processo de racionalização. Tudo é mais simples e eficiente, mas a que custo? O custo da racionalização da qual falamos tão pouco. Sem falar no preço cognitivo. O uso individual e gratuito de ferramentas não afeta de forma alguma a padronização. Gratuito, mas embarcado. As aplicações não são universais, mas racionalizadas.

Terceira contradição: a abundância de informação provoca um declínio na legitimidade. O facilmente acessível é desvalorizado. Tem-se, em troca, a atração voyeurística por notícias falsas, boatos e desinformação. A abundância não só padroniza, deslegitima e banaliza, mas facilita a comercialização de tudo o que se relaciona com a informação. "Big data" é, antes de tudo, um mercado enorme.

Quarta contradição: a padronização dificilmente é compatível com a questão essencial da diversidade cultural. Embora todos possam aceder às ferramentas o mais rapidamente possível, isso não significa que as diferenças culturais sejam menos profundas. O uso comum de conexões não garante igualdade nem universalidade. A diferença cultural rapidamente se torna uma questão política. Só por que usamos as mesmas ferramentas não significa que pensamos da mesma maneira. Basta olhar para a China, a Rússia e todas as outras ditaduras e regimes iliberais. A racionalização ameaça a diversidade cultural. O aliado privilegiado da globalização, na realidade, faz da diversidade cultural o seu adversário.

Quinta contradição: a abundância de informação mesmo no mundo virtual, com a aceleração da velocidade, acaba por despertar certa desconfiança. Excesso de oferta, velocidade, avanços técnicos, globalização. Só pode crescer a dúvida em relação à confiança. A revolução da informação não só não cria mais comunicação como também alimenta uma desconfiança silenciosa. Daí a urgência de pensar a incomunicação. Eis o que o século XXI enfrenta. Numa palavra, não existe relação direta entre progresso tecnológico, desempenho e democracia.

Ideologia digital

A internet é o núcleo da ideologia tecnicista porque a performance diz respeito a todas as esferas de suas atividades. A ideologia resulta na continuidade entre o desempenho técnico e as atividades mais excêntricas ou mais racionais do indivíduo. Essa ideologia é ainda mais forte porque as performances técnicas remetem à mente e ao pensamento, estão em constante melhoria e afetam todas as atividades, privadas ou públicas. As conexões e aplicações são, portanto, possíveis entre o Homem, a natureza e as práticas sociais. Acabou o conflito entre homem e máquina, estabelece-se uma complementaridade entre os dois. Mito. Sonho.

Ideologia tecnicista? Ela se consolida quando estrutura as atividades da sociedade. A "avalanche" é ainda mais eficaz porque ocorre depois do colapso das principais ideologias políticas. Internet, ou a ideologia política substituta. Além disso, as redes são o símbolo das interações, do compartilhamento, da interatividade, da liberdade, emancipação, palavras e conceitos que estão no centro de uma utopia política em favor de uma sociedade mais justa, mais aberta, mais eficiente, quase sem hierarquia e para todos. A tecnologia se torna central para a experiência humana e social. Falamos menos de "coabitação" de lógicas do que de "continuidade". A experiência muda de significado. Ontem dizia respeito principalmente à comunicação humana com os seus "altos e baixos". Hoje, nossa experiência de vida é pelo menos tão tecnológica quanto humana, gerando a ilusão da sociedade individualista de uma "democracia direta" na qual o Estado desempenha um papel mais fraco.

Com a internet e as redes todos podem emancipar-se, compartilhar e reduzir o lugar da hierarquia, dos códigos e das estruturas. A partilha e a emancipação não são os valores que estão no cerne do ideal democrático há dois séculos? É precisamente essa continuidade entre o homem, a sociedade e a tecnologia que dá força à ideologia da internet. Todos podem usar tudo, emancipar-se, jovens ou velhos, ricos ou não, instruídos ou sem diploma. No momento só vemos as possibilidades, não os obstáculos nem as contradições. Em todo caso, a força da ideologia tecnicista não está em negar as contradições, mas em prever que elas serão resolvidas amanhã com novas ferramentas. Esse otimismo explica em grande parte por que o lado sombrio da internet, com as suas inúmeras desigualdades e especulações, quase não preocupa. Os desvios, tal como as contradições, encontrarão uma solução.

A onipotência de GAFAM não é considerada uma ameaça perigosa. Tudo é aceito. O "diálogo" permanente entre a tecnologia e o homem permitirá encontrar soluções. É, portanto, a própria ideia de continuidade que está no cerne da ideologia tecnicista. Lutar contra a ideologia tecnicista consiste, ao contrário, em reintroduzir a descontinuidade. A internet e as redes sonham apenas com a continuidade, que nunca pareceu tão próxima. A ideologia tecnicista não se impõe, identifica-se com a busca de mais liberdade e continuidade.

As redes talvez sejam o melhor exemplo da ideia de "liberdade emancipatória". Não reúnem livremente todos aqueles que têm algo em comum? As liberdades de acesso e uso não são as palavras-chave do novo mundo? O que devemos fazer, porém, com aqueles que estão "fora da rede"? Contudo, esses "fora das redes" são essenciais precisamente porque escapam à racionalidade de agrupamento e comunidade. As redes colocaram de lado a questão da alteridade, ainda que esta seja a mais complexa que há. Se a expressão "rede social" é hoje tão onipresente é porque corresponde ao ideal de "estar juntos". Ou seja, aproximar quem tem algo em comum, ao invés de se interessar por quem está "fora das redes sociais". A tecnologia como aceleradora de encontro e comunidade? Por que não? Mas o que fazemos da sociedade com a sua heterogeneidade insuperável? A internet é mais uma referência comunitária do que social.

Uma imagem do mundo da internet? A sociedade uberizada. Não há regras coletivas, simplesmente liberdade individual. Estado mínimo e reinado de especialistas quando necessário, o que se parece muito com o capitalismo liberal e suas desigualdades do início do século XIX. Este é também o mérito da internet: fazer sonhar e poder inventar. Com maior liberdade e velocidade. Tudo é possível, sem limites. Mas as redes não impedem o medo dos outros, infelizmente. Além disso, as fronteiras físicas e mentais nunca foram tão numerosas. Como evitar que o mundo das redes seja também o dos muros e dos guetos? Voltamos à questão central: o futuro da alteridade, da diversidade, da descontinuidade. A mesma questão se aplica à política. É claro que a internet é essencial na luta contra as ditaduras, mas essa luta não começou com a internet. Antes, simultaneamente, existiam o rádio, a televisão, a imprensa, o cinema. O mais importante em qualquer situação nunca é a tecnologia, mas a vontade política. O controle que as ditaduras têm sobre essas ferramentas coloca em perspectiva o impacto "naturalmente" democrático da tecnologia digital. A tecnologia, por mais eficiente que seja, não é suficiente para mudar as questões políticas. É em relação à violência e à guerra que vemos o limite da ideologia tecnicista e, *a fortiori*, em relação à política.

A tecnologia face à incomunicação

O incrível progresso na tecnologia da informação vai ao encontro da esperança constantemente renovada de melhorar a comunicação humana. Especialmente porque a crescente simplicidade dos aplicativos compensa o lado sempre complicado da comunicação humana. Basicamente a ideologia tecnicista é tanto mais facilmente compreendida quanto é, ao mesmo tempo, a síntese da modernidade e da liberdade individual. A tecnologia, mais eficaz que a comunicação humana, parece ser uma solução para as dificuldades de intercompreensão. Além disso, a tecnologia digital parece representar um progresso na igualdade social: a internet seria para todos. Uma economia e um mundo igualitários e simplificados. Todos podem se tornar usuários da internet. O que dizemos sobre os céticos? Que eles são inadaptados.

Por outro lado, apesar da aparência de "universalidade", a comunicação técnica não consegue libertar-se completamente do contexto e, sobretudo, das desigualdades. Não consegue apagar a desonestidade, a especulação, os fracassos. Pode até produzir alguns. Por enquanto prevalece o prazer da performance acessível a todos. Uma verdadeira curiosidade, o desejo de aprender, o desejo de igualdade e promoção caracterizam a cultura da internet. Essa é a sua verdadeira força. A partir dos dez anos de idade, muitas vezes bem antes, em países ricos ou pobres, as crianças e os adolescentes sonham com a tecnologia digital e com uma ruptura com os adultos. Ninguém resiste à "civilização digital". Além disso, milhões de indivíduos não conseguem ficar três minutos sem consultar a sua tela mágica nem sem colocar os seus "rolinhos eletrônicos" (fones de ouvido). Ficar sozinho é impossível. Nem um segundo de solidão entre o acesso às músicas do mundo, incontáveis "apps" e incessantes interações. Tudo é técnico, mas esquecemos isso porque tudo é muito simplificado. Como tirar três gerações, desde a década de 1980, desse verdadeiro vício digital.

Temos a sensação de entrar num novo mundo de disrupção, invenção e aventura? A comunicação técnica e a ideologia fundiram-se. Outra época. Um verdadeiro muro entre gerações. Qual é a obsessão dos idosos? Não ficar "ultrapassados". O desejo dos jovens? Acelerar a entrada nesse novo mundo. Principalmente porque a generalização dos "apps" cria a sensação de estar definitivamente em outro lugar. Tudo está acontecendo tão rapidamente que é inútil se opor. Opor-se a quê? O sentimento de "igualdade digital para todos" entre gerações e ambientes sociais consolidou-se. Um playground de aventura onde todos podem entrar.

Um exemplo de ideologia tecnicista? O mundo está reduzido a um jogo de perguntas e respostas. Há tanta informação disponível que basta fazer uma pergunta ao smartphone e obter a resposta. É a cultura sedutora de "perguntas e respostas". Mas se essa cultura está adaptada à informação de serviço, está muito menos adaptada à informação política, ao conhecimento, às relações humanas... Basta que a realidade seja complexa para que a "cultura pergunta-resposta" se torne insuficiente. Estamos tão habituados a isso que pensamos existir facilmente uma resposta para todas as perguntas.

Para abrir a reflexão, para nos distanciarmos, devemos voltar à diferença entre informação e comunicação. A informação continua sendo a mensagem, a "mesmice", enquanto a comunicação é a "alteridade". A comunicação é descontinuidade, enquanto há meio século era o oposto. Hoje, com a revolução da informação, tudo é continuidade. Facilidade e abundância estão do lado da informação digital e da tecnologia. Com a comunicação, ao contrário, tudo é mais complicado e descontínuo. Trata-se de gerir a relação com os outros, que é sempre incerta. Ontem a informação era descontínua, orientada pelos acontecimentos; a comunicação era mais contínua. Hoje é o oposto. Na realidade, é essencial distinguir melhor os mundos, da tecnologia, do homem, da sociedade. É a separação entre os três que deve ser claramente sublinhada num momento em que todos sonham com a sua reaproximação. Atenção à velocidade versus lentidão da história. Será que o "homem aumentado pelas redes" não é antes o "homem simplificado pelas tecnologias", robôs, chats? Por enquanto, a "sedução técnica" vence.

Chegamos ao essencial. A internet e a tecnologia digital são fascinantes porque, para além da performance, a imaginação é mobilizada. A cada cinco anos surge uma nova invenção. Dos metaversos aos mundos 3D, IA e realidade virtual, há sempre algo novo e "decisivo". Mesmo que na realidade a atuação tecnológica seja sempre menos complexa do que as relações sociais. Depois do fascínio por velocidade e desempenho, aos poucos perceberemos que o mundo transparente está perdendo força. Os homens redescobrirão a necessidade da lentidão, a realidade da incompreensão e do acaso. Não existe vida ao vivo. Para quem, para que, o tempo ganho?

Todas as atividades com forte identidade profissional e competências técnicas, médicos, professores, magistrados, jornalistas, empresários, têm outras visões do mundo e exigem tempo de experiência e formação. Inteligência artificial e velocidade não são o horizonte da humanidade. Por que querer racionalizar, simplificar e unificar tudo? A tecnologia tropeça na incomunicação, que pensava ter dominado, e a *acomunicação* continua a ser o horizonte trágico da comunicação humana. A utopia tecnicista permanece a ilusão de uma sociedade transparente, rápida e interativa na qual o lado sombrio das redes nunca é considerado perigoso. Há uma espécie de fascínio pela modernidade, pela velocidade e por este presente indefinido. As principais ilusões da internet são a velocidade e o ao vivo. Qualquer coisa "ao vivo" ficaria mais perto da verdade, sonho de uma sociedade "ao vivo", sem intermediários. É uma representação um tanto simplista da emancipação, em que os intermediários atrasam tudo. Reino do "faça você mesmo". A história mostra que não existe uma sociedade "ao vivo" e que a complexidade e a violência das relações sociais permanecem. A internet retoma o mito de um "mundo ao vivo", direto, mesmo que, muitas vezes, termine em totalitarismo. Os intermediários não impedem a liberdade; ao contrário, são uma forma de garantia. A ideia de intermediários permite revalorizar o papel dos contrapesos culturais, políticos, históricos, religiosos. A perspectiva de um mundo ao vivo é, sem dúvida, uma das maiores ilusões da utopia da internet.

Além disso, isso nos permite sublinhar mais uma vez que não existe humanismo tecnológico. Um grande número de pensadores, há mais de um século, repete isso sem ser ouvido. O progresso não consiste em querer reduzir as descontinuidades, as rupturas, as oportunidades, que estão no cerne da experiência humana, sociedades e história. Se o presente não for melhor, o futuro tecnológico também não o será.

Basicamente o essencial diz respeito à oposição entre continuidade e descontinuidade. As conexões com suas performances não substituem as necessidades da comunicação humana e social. Pensar a incomunicação significa afastar-se da perfeição técnica e redescobrir os saltos e contradições da comunicação humana. Existem continuidades tecnológicas, mas é a comunicação humana que se confronta com as descontinuidades.

Dito de outra forma, só há entendimento mútuo com a comunicação humana; a interatividade constitui o horizonte da tecnologia. Mal-entendidos, que podem ser resolvidos pela comunicação tecnológica, são, contudo, muito mais difíceis com a comunicação humana. É também o lugar da racionalidade, em ambos os tipos de comunicação, o que constitui o limite da comunicação técnica. Isso coloca muita ênfase na racionalidade. Há um enorme progresso tecnológico, muito mais raramente há progresso humano, ou, melhor, os progressos da comunicação humana são menos cumulativos que os da comunicação tecnológica. Num caso, a eficiência dos modelos, algoritmos e motores; no outro, os choques da experiência. O "progresso humano" dificilmente é acumulativo.

Em síntese, nenhuma das formas de comunicação é ideal. Distingui-las e fazê-las coexistir "com prudência" é talvez a solução menos pior. Uma coisa é certa: nosso universo está repleto de informações e dados. Cansaço e desordem informacional se instalam. Cada vez mais interatividade não reduz necessariamente a *acomunicação* da existência.

Estamos perante o "quadrado das contradições" entre informação, comunicação, incomunicação e *acomunicação*. O cansaço, em todos os sentidos da palavra, pode resultar dessa avalanche tecnológica. Já vimos que muita informação não é suficiente para criar mais comunicação, muita interatividade e interações têm poucas chances de fazer melhor. Há pouca probabilidade de o mundo ficar reduzido a um jogo de perguntas e respostas, como observamos todos os dias no triunfo da informação como serviço.

A pergunta "onde está o Homem?" – nesta crescente tecnicização da comunicação – continua a ser essencial. Essa questão política, filosófica e antropológica tem sido constantemente posta desde a segunda metade do século XIX. As tecnologias do espírito apenas a acentuam. Por que tão poucas pessoas estão interessadas nisso?

Porque cada questão se reduz a saber se alguém é "a favor" ou "contra" o progresso técnico!

As palavras. Da tecnologia à incomunicação

1. Linguagem, modas e palavras

Não é fácil abrir "espaço" para acomodar um novo conceito, no caso o de incomunicação. Passamos de dois (comunicação, *acomunicação*) para três, o terceiro ampliando o espaço de negociação.

Cerca de sessenta termos caracterizam a incomunicação, com toda a ambiguidade das palavras. A cada cinco anos surgem novas tecnologias e novas palavras. Deveríamos listá-las. Anteontem era a "telemática", depois as "autoestradas da informação", hoje é a "IA". A cada vez a ruptura é "definitiva e essencial", até a próxima etapa tecnológica. Ninguém critica essa sequência de modas tecnológicas. As palavras são cheias de certezas, mas de curta duração. Falta humor, distanciamento, avaliação. As palavras tecnológicas são, aliás, muito mais implacáveis do que as relativas à política, à saúde ou à educação. Por que essa ausência de relativização e de comparação? Talvez porque sonhamos que exista, ao menos, um progresso objetivo?

Palavras do digital

Acomunicação – Algoritmo – Alteridade – Vieses cognitivos – Big Tech – Cognição – Coabitação – Comunicação humana/comunicação tecnológica – Confiança – Conhecimento – Contexto – Cibersegurança – Desinformação – Descontinuidade – Diversidade cultural – Nuvem – Intercâmbio – Educação – Experiência – Expressão – Fronteiras – GAFAM – Homem aumentado – Higiene digital – Identidade – Ideologia tecnicista – Impunidade digital – Incomunicação – Desigualdades – *Infox* – Informação e comunicação – Influenciadores – Interação – Manipulação – Mídia – Desconfiança – Globalização – Negociação – Neurocognição comportamental – Digital – Opinião pública – Participação

– Compartilhamento – Plataforma digital – Pós-humano – Realidade virtual/aumentada – Receptor – Representação – Reconhecimento – Relacionamento – Redes sociais – Robôs conversacionais – Saúde digital – Segurança digital – Silêncio – *Streaming* – Tempo – Tradição – Rastreabilidade – Processamento de linguagem – Transição digital – Velocidade – Roubo de dados.

É difícil separar palavras de linguagem, usos e imagens. Sem esquecer o peso dos contextos e das representações, o das invenções e das desigualdades, dos sinônimos e das racionalidades, dos estereótipos e dos preconceitos. Em suma, é difícil distinguir as múltiplas mudanças e interpretações erradas. As palavras nunca andam sozinhas e sempre são reinventadas. Eterna riqueza da linguagem e da comunicação. É com toda essa polissemia que tentamos conviver.

2. Palavras mágicas: "tela", "rede", "transição digital", "experiência"

Todos estão na frente de suas telas e estamos todos nas redes. Mas essas duas palavras, símbolos de liberdade, emancipação e abertura, ainda são estranhas. Elas comportam, ao mesmo tempo, um acesso e um fechamento. Acessamos o mundo através da tela, mas é também ela que nos separa dele, forma uma fronteira e nos distancia. Ambiguidade terrível.

O mesmo vale para as redes. Elas nos aproximam, mas também nos separam dos demais, construindo uma espécie de proteção contra aqueles que não estão conosco. São duas palavras simbólicas da tecnologia digital que “abrem” menos do que fecham. Por que o “fechamento” se torna o símbolo da abertura?

A expressão “transição digital” também é interessante: significa que o digital é o horizonte ao qual devemos acessar. Estaríamos, portanto, “embarcados” na tecnologia digital, símbolo do progresso. Não há outra saída? Uma sociedade nunca pode ser definida apenas por um sistema tecnológico. Uma sociedade está sujeita a outras lógicas políticas, culturais, religiosas e sociais, muito mais numerosas, complexas e contraditórias do que a simples referência à tecnologia dominante. Por que não haveria outra escolha senão o horizonte implacável da “transição digital”? Numa área relacionada, a “transição ecológica” enfrenta o mesmo problema, porque não é certo que a ecologia seja suficiente para dar o sentido de uma sociedade. Uma sociedade é mais complicada do que a tecnologia digital e a ecologia e reúne um número muito maior de contradições e valores. Em ambos os casos vemos o mesmo tecnicismo. Tanto a tecnologia digital como a ecologia moldariam inevitavelmente novos modelos de sociedade e constituiriam o símbolo do bem e do progresso? Esse estreitamento e esse determinismo são obviamente questionáveis.

Um sistema tecnológico não é suficiente para definir e caracterizar uma sociedade, assim como a biologia não é suficiente para definir o homem. A palavra aparentemente otimista “transição” pode, portanto, acabar por ser sufocante, reducionista e pomposa.

Quanto à palavra experiência, é talvez a mais misteriosa. Que relações existem entre as inúmeras situações de solidão existencial, as diferenças nas experiências digitais e a "realidade empírica"? Uma coisa é certa: a "experiência digital" tem ocupado muito espaço e muitos até acreditam que é essencial à experiência humana e social. "Como poderíamos viver e trabalhar sem a internet"? No entanto, é da experiência humana que mais precisamos, à medida que as telas, redes, o mundo virtual, os robôs, os sistemas especialistas tomam o lugar da imaginação, dos símbolos, das representações e dos contextos.

Palavras positivas do digital

Essas palavras mobilizam imaginações, projetos, conquistas e a ideologia tecnicista em todos os países do mundo. Dez, entre outras tantas, foram selecionadas aqui. Elas caracterizam de certa forma a geografia cultural do mundo das redes. Em todo caso, estas são as palavras a que os internautas se referem naturalmente:

1. Liberdade de expressão
2. Emancipação
3. Rapidez e ausência de intermediários
4. Abundância
5. Confiança
6. Identidade
7. Igualdade
8. Aqui e por aí
9. Continuidade
10. Modernidade e utopia

Os sinônimos dessas palavras do universo da comunicação

também atraem: contato, diálogo, troca, conexão, transmissão, comunhão. São, em todo caso, mais atraentes do que os sinônimos de incomunicação: mal-entendido, desacordo, equívoco, ambiguidade, confusão...

Bibliografia *Hermès*

"Fraturas na sociedade do conhecimento". *Hermès,* n. 45, 2006.

"Rastreabilidade e redes". *Hermès,* n. 53, 2009.

"Essas ditas redes sociais digitais". *Hermès,* n. 59, 2011.

"O outro não é um dado. Alteridade, corpo e artefatos". *Hermès,* n. 68, 2014.

"Estudantes, entre cadernos e teclados". *Hermès,* n. 78, 2017.

"A comunicação no coração do conhecimento". *Hermès,* n. 85, 2019.[4]

[4] Bibliographie *Hermès*

Hermès, la Revue, "Fractures dans la société de la connaissance", n° 45, 2006.

Hermès, la Revue, "Traçabilité et réseaux", n° 53, 2009.

Hermès, la Revue, "Ces réseaux numériques dits sociaux", n° 59, 2011.

Hermès, la Revue, "L'autre n'est pas une donnée. Altérités, corps et artefacts", n° 68, 2014.

Hermès, la Revue, "Les élèves, entre cahiers et claviers", n° 78, 2017.

Hermès, la Revue, "La communication au cœur des connaissances", n° 85, 2019.

Elementos bibliográficos

Alombert, A. *Schizophrénie numérique*: la crise de l'esprit à l'heure des nouvelles technologies. Paris: Allia, 2023.

Badie, B.; Vidal, D. (dir.). *Le monde ne sera plus comme avant*. Paris: Les liens qui libèrent, 2023.

Bail, C. *Le prisme des réseaux sociaux*: polarisation politique sur Internet. Paris: PUF, 2023.

Battele, J. *La révolution Google*: comment les moteurs de recherche ont réinventé notre économie et notre culture. Paris: Eyrolles, 2006.

Besnier, J.-M. *et al. L'Humain augmenté*: cyborgs, fictions et metavers. La Tour d'Aigues: L'Aube, 2022.

Bilal, E. *Bug. vol. 1.* Paris: Casterman, 2017.

Byung-Chul, H. *Infocratie*: numérique et crise de la démocratie. Paris: PUF, 2023.

Cassin, B. *Google-moi*: la deuxième mission de l'Amérique. Paris: Albin-Michel, 2007.

Cassou-Noguès, P. *La Bienveillance des machines*: comment le numérique nous transforme à notre insu. Paris: Seuil, 2022.

Chardel, P.-A. *L'Empire du signal*: de l'écrit aux écrans. Paris: CNRS Éditions, 2020.

Cohen, D. *Homo numéricus*: la « civilisation » qui vient. Paris: Albin Michel, 2022.

Darot, K. *Étranger*. Paris: Anamosa, 2023.

De Tarlé, A. *La fin du journalisme?*: dérives numériques, désinformation et manipulation. Ivry: Les Éditions de l'Atelier, 2019.

Ganascia, J.-G. *Servitudes virtuelles*. Paris: Seuil, 2019.

Hoquet, T. *Les Presque-Humains*: mutants, cyborgs, robots, zombies... et nous. Paris: Seuil, 2021.

Jarrige, F. *Technocritiques*: du refus des machines à la contestation des technos-ciences. Paris: La Découverte, 2016.

Jeanneney, J.-M. *Quand Google défie l'Europe*: plaidoyer pour un sursaut. Paris: Mille et une nuits, 2005.

Les linguistes atterrés, n° 49, Paris, Gallimard, coll. Tract, 2023.

Mateus, Q.; Roussilhe, G. *Perspectives Low-tech*. Paris: Éditions Divergences, 2023.

Mumford, L. *Le Mythe de la machine*: technique et développement humains. Paris: Fayard, 1976.

Nerrière, J.-P. *Don't speak globish*. Paris: Eyrolles, 2004.

Reichstadt, R. *Au cœur du complot*. Paris: Grasset, 2023.

Sfez, L. (dir.). *Dictionnaire critique de la communication*. Paris: PUF, 1993.

CAPÍTULO II

A RUPTURA DA INCOMUNICAÇÃO

Qual é a origem da incomunicação? A multiplicação das trocas e o aumento do desempenho das ferramentas. Os dois se fortalecem dando a impressão de que nos entendemos cada vez melhor. Pensar na incomunicação constitui, portanto, uma obrigação humana e científica.

Como podemos controlar tantas interações, incomunicações e trocas? Como preservar a comunicação humana? Como podemos reduzir a avalanche da tecnologia na informação e na comunicação? Como não sucumbir às enxurradas de informações, boatos e notícias falsas? Como promover "boas notícias"? Como viver sem o gigantesco controle de redes e conexões? Pensar a incomunicação significa, portanto, abordar a questão da influência de tudo o que é digital e também sair do universo "com" e redescobrir as pessoas e a sociedade. Ontem a tecnologia ajudou bastante na compreensão do mundo, hoje é quase o contrário. O mundo pós-digital exige que pensemos no papel da incomunicação em relação à globalização, que redescubramos as descontinuidades e rejeitemos a violência. A negociação é o símbolo da dificuldade de comunicação. Passamos assim de duas para três lógicas destacando a importância desta dinâmica entre êxito e fracasso, que remete tanto à escola individual quanto à social.

Condições de incomunicação

É claro que a incomunicação existe desde que os homens começaram a se comunicar, mas nunca adquiriu importância teórica e política simplesmente porque o volume e a aceleração das interações aumentam as incomunicações, que resultam de quatro lógicas: globalização e relações de poder econômico; progresso técnico; peso da diversidade cultural; necessidade de negociação. Centrada na negociação para evitar a *acomunicação,* ela diz respeito à questão das relações com os outros num mundo aberto no qual não temos necessariamente muitas coisas a dizer uns aos outros, devendo, porém, coabitar.

A incomunicação surge depois das dificuldades da comunicação humana, depois das desilusões da comunicação técnica, depois da descoberta do peso crescente da diversidade cultural. Numa palavra, quando a compreensão mútua já não é proporcional à multiplicação das interações. Na verdade, a incomunicação permite recuperar o peso da sociedade após o triunfo da tecnologia. Levanta a questão da relação com os outros e exige que tenhamos em conta o contexto e as desigualdades. É uma espécie de condição para uma nova comunicação política. Por não concordarmos em nada, somos obrigados a negociar, tendo no máximo o horizonte da coabitação e a obrigação de poupar tempo e agir, buscando também alguma margem de manobra. Afastamo-nos da ideia de fusão e de comunicação bem-sucedida, reconhecemos a realidade das relações de poder, admitimos também que a incomunicação não é sinônimo de fracasso.

Toda a geografia da comunicação, portanto, está mudando e essa mudança não é fácil de aceitar porque envolve pensamentos, comportamentos e esquemas contraintuitivos. Tudo na comunicação pressupõe êxito, mas a realidade é mais complicada. A ruptura radical diz respeito ao lugar da alteridade e da negociação. Afastamo-nos do digital, da velocidade, do imediatismo, da performance, da fusão. Reencontramos a história, o tempo, a duração. Tudo aquilo de que queríamos nos libertar. Inicialmente a incomunicação expressa desconfiança diante das dificuldades, depois, em última instância, pode tornar-se esperança. A esperança de retomar as negociações e chegar a um acordo. O que deveria ter sido um fracasso torna-se a forma de evitá-lo. O reconhecimento gradual do lugar da alteridade, da negociação e do questionamento do princípio da performance talvez seja uma das consequências das dificuldades da globalização. A incomunicação torna-se um "redutor de velocidade da crise". Interessa-lhe afetar tanto a comunicação técnica como a comunicação humana, ainda que, ontem, se tenha considerado erradamente que a incomunicação remetia principalmente à comunicação humana. Todos hoje estão preocupados com o mundo pós-digital. É por isso que a incomunicação é um conceito que se refere a todas as situações de troca. O intermediário é indispensável, introduz o tempo e a negociação onde queríamos valorizar velocidade e relação direta. O intermediário não é um retrocesso, mas simplesmente a constatação de que não há muita coisa sem mediação. Qual é o símbolo da incomunicação? A negociação.

A incomunicação não ocorre apenas após o desempenho das tecnologias, mas também após o reconhecimento da importância da ecologia. A ecologia, que constitui a busca de certa coabitação entre os homens, a natureza e os animais, é um exemplo de incomunicação. Prova de que não é por que as interações são mais fáceis que os homens são mais sábios ou se entendem melhor. Os seres humanos podem ser ambientalistas e terrivelmente violentos uns com os outros. Basta olhar para as relações políticas entre ambientalistas durante mais de meio século. Em suma, o desafio da ecologia é uma situação perfeita de incomunicação e coabitação e não é suficiente para melhorar as relações. A comunicação entre os homens e a sociedade é, em suma, mais difícil e perigosa do que aquela entre a natureza e os animais.

As cinco dimensões características da incomunicação são a ruptura entre informação e comunicação; o papel do receptor e o contexto; as diferenças entre compartilhamento, incomunicação e *acomunicação*; a questão da alteridade; a restrição da diversidade e do tempo. Cinco dimensões que explicam as dificuldades de compreensão mútua, tanto entre seres humanos quanto em relação a tecnologias. A incomunicação opera em todos os níveis, individual, comunitário, social.

Ela é ao mesmo tempo obstáculo e abertura. Obstáculo porque complica as coisas e demanda tempo. Uma abertura porque se busca uma nova situação de equilíbrio. Nem acordo nem ruptura. Essa realidade da comunicação é fator essencial a favor da negociação. Valorizar a incomunicação não é, portanto, endossar o fracasso, mas, ao contrário, reacender a esperança. Utopia realista. Escola de prudência e esforço. O paradoxo é que falta comunicação, mas é visível que há uma multiplicação de interações. Qual a sua contribuição? O reconhecimento do papel do tempo, do outro e da negociação.

Incomunicação, horizonte inesperado de comunicação generalizada. O desafio do século XXI é passar da ideia de que toda a comunicação é fácil e "transparente" à realidade da incomunicação, em que tudo é difícil e imperfeito. O conhecimento da comunicação tecnológica também revela a importância da incomunicação. Na realidade, existem três etapas: uma revolução na informação; valorização e depois desvalorização do conceito de comunicação; eclosão da incomunicação.

Características da incomunicação

Precisamos entender que não existem duas, mas três escalas de comunicação, sendo esta situação intermediária essencial num mundo onde tudo é signo, informação, interações, cibernética, economia de dados.

É fundamental reconhecer e pensar sobre o estatuto da incomunicação para evitar a anomia e os riscos da *acomunicação*, impedindo que a globalização, que deveria ser um símbolo de aventura e troca, se transforme em ódio aos outros. A comunicação tornou-se um enorme setor no qual é essencial, e muito difícil, distinguir entre valores e interesses. Especialmente porque esse setor, nunca tendo sido realmente objeto na reflexão teórica, encontra-se hoje ainda mais banalizado e dominado pela revolução tecnológica e pela economia da comunicação. Tudo se confunde ao passo que, ao contrário, precisaríamos distinguir valores. Tudo é dominado pela lógica técnica e financeira, que se apresenta, ao mesmo tempo, como símbolo de liberdade e de emancipação individual. Reconhecer a importância da incomunicação permite-nos reabrir a reflexão crítica e admitir a importância desta situação intermediária entre liberdade individual e o poder das indústrias digitais. Significa também reconhecer que os conflitos têm o seu lugar na comunicação e que não existe um paraíso digital. Onde se situa a Incomunicação? Entre a tecnologia e o humano, entre valores e interesses, com base nas questões centrais de informação e comunicação, impensadas durante demasiado tempo.

Duas mudanças radicais aconteceram: a descoberta dos limites da onipotência técnica; o retorno da comunicação humana. Nada menos simples, ainda mais que há menos de um século ninguém previa tal revolução. Não é surpreendente que num mundo "aberto" e "transparente" onde a compreensão mútua é tão fraca, a relação entre o eu e o outro seja complicada. Mais uma vez, a ausência de reflexão teórica na história contemporânea sobre a relação entre o homem e a tecnologia explica em particular a fraca reflexão intelectual atual. Reconhecer o papel da incomunicação significa, em suma, reconhecer a dimensão antropológica da comunicação e da tecnologia. Estas três palavras são essenciais, mas têm sido subvalorizadas: alteridade, negociação e coabitação. Elas caracterizam a atual revolução antropológica na comunicação, para além da revolução tecnológica. Relativizam o estatuto da tecnologia, da velocidade e da soberania individual. Tudo é simplificado tecnicamente, tudo é complicado antropologicamente.

Como reconhecemos a realidade da incomunicação? Pelo seu papel na distinção entre compartilhamento e comunicação; na diferença entre comunicação humana e técnica; no conflito entre identidade e diversidade cultural. Sem esquecer a importância da negociação e da margem de manobra. Com a incomunicação tudo se complica, mas tudo também é negociado para evitar dicotomias devastadoras. É a vingança desta terceira via, afastar-se da ideologia do fluxo, da velocidade, e redescobrir o interesse pela comunicação humana e tecnológica. Ou seja, o jogo das relações sociais com o trabalho, a educação, a saúde, a cidade, o consumo.

A descoberta das três dimensões da comunicação, interação, incomunicação, *acomunicação*, ilustra a complexidade teórica do assunto e o simplismo de muitas teorias da informação e da comunicação. É por isso que pensar a incomunicação significa pensar o "depois da internet". Tentar distinguir melhor informação e comunicação, comunicação humana e técnica, lentidão e velocidade, identidade e coabitação cultural.

Uma das questões mais complicadas? Conseguir gerir duas lógicas contraditórias, a afirmação da identidade e a necessidade de reconhecimento do outro, com ênfase na diversidade cultural. Avançamos para além da técnica e temos de negociar. Não se pode esquecer tampouco o papel do contexto. Na realidade, reconhecer a importância das situações de incomunicação significa admitir a coexistência de lógicas muitas vezes heterogêneas, velocidade e lentidão, individual e coletiva, liberdade e contexto. Nada é unidimensional, o que exige negociações quase permanentes e dá origem a outra concepção de informação e comunicação.

Falar de negociação, de reflexão, de equilíbrio de poderes, é sublinhar a importância das dimensões humana e social em relação ao peso da lógica técnica, dominante há um século. Se quisermos ter uma imagem da complexidade da incomunicação, só precisamos observar a realidade da globalização. Circulação do capital para os ricos; muros e rejeições para os outros.

Estamos nos afastando da técnica, do "zero e um". É por isso que o retorno da incomunicação só pode acontecer após a vitória e a constatação dos limites da comunicação técnica. Ontem a incomunicação era, muitas vezes, o resultado do poder e da hierarquia; hoje resulta muito mais do jogo social e da negociação. A incomunicação não é apenas um conceito para a sociedade, também o é para o conhecimento. Na verdade, a expansão da ciência é acompanhada pela cooperação crescente entre diferentes disciplinas. Vemos a questão da interdisciplinaridade hoje no centro da maior parte do conhecimento. A interdisciplinaridade é uma forma de incomunicação, pois exige cooperação e negociação permanente para se realizar. Nenhuma disciplina sozinha consegue compreender a complexidade do mundo. A cooperação é essencial.

A incomunicação desempenha um papel real num grande número de circunstâncias sociais e intelectuais. Seria necessário também fazer uma lista de situações em que esse conceito se impôs. Com o seu corolário, a palavra negociação, num momento em que aparentemente é apenas questão de fluxo e continuidade. Reconhecer o valor da incomunicação significa, portanto, também aceitar outra visão de mundo; o digital, com tecnologia, velocidade, performance e continuidade; o pós-digital, com lentidão, descontinuidade, homens. É utopia pensar em desacelerar? Talvez, mas por que não tentar?

Uma das consequências da importância do conceito de comunicação é também promover o papel de todas as "profissões com fortes competências profissionais": médicos, professores, advogados, jornalistas, engenheiros... Ou seja, profissões em que há peso de conhecimento, cultura, saberes, tempo e tradição. No ao vivo tudo é rápido e sem intermediários. O mundo digital reforça o mito da "soberania individual". Na incomunicação, ao contrário, precisamos das competências dos outros. Escapamos da ilusão do controle. No início é um progresso inegável, depois de um tempo os limites aparecem.

Ninguém pode fazer tudo sozinho. Nas "profissões intermediárias" encontramos a profundidade das relações sociais, o lugar da tradição, da erudição e da história. Nem todo mundo é competente em tudo. Intermediário, contexto, negociação, essas são as palavras que retornam com a visão dinâmica da incomunicação.

Nem tudo se resolve com rapidez, assim como nem tudo se resolve com lentidão. Precisamos do silêncio, assim como da lentidão, da alteridade, das semelhanças, do diferimento, do direto. Eis o interesse da incomunicação, fazer coexistir lógicas diferentes e até contraditórias. Quem diz coabitação, diz relacionamento e negociação. Um modelo mais aberto.

Relacionamento é uma forma de comunicação. A publicidade é um bom exemplo de incomunicação. Ninguém se engana, é um jogo de sedução e de negociações recíprocas. Na verdade, mudamos o modelo de incomunicação, se ontem era bastante hierárquico, hoje é mais aberto e convivial. Ligam-se incomunicação e intercompreensão.

A incomunicação também mudou de perspectiva; se ontem era fechada, mais ou menos hierárquica, hoje é mais aberta e ligada à negociação, pertencendo ao paradigma democrático. Essa mudança de perspectiva traz a incomunicação de volta à lógica política. Espécie de remédio contra a ideologia da transparência ao promover a negociação e a coabitação. O fato de ser uma experiência explica a sua dimensão ativa. Na realidade, reside nisso todo o seu interesse. A incomunicação remete bastante à realidade do diálogo de surdos que é a grande característica da comunicação! Quem diz diálogo de surdos também reconhece a natureza dinâmica da alteridade, das trocas e das relações de poder. Estamos longe de uma visão estática.

Existem estereótipos, claro, mas não só. Tudo é reinventado e negociado, com ênfase em que "o jogo continua aberto". Não se trata de uma expressão sem restrições, como no caso das redes, mas antes de uma expressão contraditória. A expressão também faz parte da incomunicação. Na realidade, com a incomunicação tudo fica mais aberto e contraditório. Estamos entre o êxito e o fracasso, entre o compartilhamento e a comunicação. Essa lógica intermediária reflete a natureza mais complexa da comunicação atual.

Hoje tudo é complicado na democracia, com a globalização, a abertura ao mundo, o número de atores sociais. O conceito de incomunicação é essencial para tentar organizar uma coexistência pacífica de lógicas antagônicas. Estamos no centro de uma nova forma de comunicação política. O objetivo é impedir a *acomunicação* e conseguir organizar a coabitação. Passamos da ideologia da igualdade, apoiada em tecnologias, para a realidade da negociação com a incomunicação. Há menos transparência e mais negociação numa perspectiva de coabitação.

O smartphone ilustra a ambiguidade da comunicação. Aparentemente é o acelerador de todas as interações, mas, ao mesmo tempo, ele isola uns dos outros, cada um permanecendo na sua história. A comunicação é intensa, mas numa perspectiva individual. A soma das trocas via smartphones não constitui comunicação coletiva, que é muito mais assegurada, por exemplo, pelos meios de comunicação como o rádio ou a televisão. Os meios de comunicação social são menos eficientes que as redes, mas, ao mesmo tempo, garantem certa coesão coletiva. Da mesma forma, o smartphone se baseia em duas lógicas. É a via de acesso a todos os aplicativos, ideal de uma sociedade da informação, e serve para passar horas de conversas privadas entre amigos.

"Com" e Comunicação

Todo mundo se comunica, ou seja, se expressa, tenta fazer ouvir suas ideias, valoriza-se e sonha em influenciar os outros. Trata-se de uma espécie de caricatura da comunicação que obviamente tem como consequência a sua desvalorização. Na realidade, queremos influenciar os outros, mas não o sermos nós mesmos, segunda ideia um tanto ingênua: basta querer influenciar para o conseguir, supondo que todos consigam influenciar a todos, o que nem sempre acontece. Não é pelo uso excessivo do verbo "influenciar" que influenciar é mais fácil...

O que significa "com"? Uma espécie de caricatura da comunicação, para além da troca e da expressão. O desejo de influenciar os outros, sem ser influenciado. Dupla via. Expresse-se, interaja, por favor, se possível influencie, mas proteja-se também. Comunicar e influenciar. Não admira então que a comunicação esteja rodeada de desconfiança. Buscada por todos, ela se encontra às portas do inferno. Enquanto essa redução da interação a "com"[5] não mudar, a comunicação não terá o seu devido lugar no panteão dos grandes valores humanos e democráticos.

Por que tanta caricatura, tanta desconfiança? Sem dúvida, porque desejamos essa intercompreensão, mas a tememos. Desconfiamos dos riscos inevitáveis da comunicação quando se fala em manipulação. Medos recíprocos, pegadinhas, preconceitos, enfim, que dizem muito sobre a pouca confiança que temos uns nos outros.

A suposição forte e falsa é que podemos influenciar os outros com sucesso. Só que o outro sempre resistiu. O receptor não é neutro nem fraco. Se podemos nos defender contra influências externas, por que a outra pessoa não poderia fazer isso sozinha? O limite da comunicação é o receptor. Denunciamos a propaganda pela sua suposta influência, não vemos a resistência que encontra. Na

[5] Vale enfatizar que "com" na cultura francês remete a propaganda, marketing, comunicação dirigida para fins de produção de uma imagem ou autoimagem (N.T.).

verdade, reduzir a comunicação à propaganda significa subestimar a inteligência do receptor, o papel do contexto, o peso dos valores e das ideologias, os esquecimentos. Em suma, a comunicação é, muitas vezes, uma luta e, em última instância, a manipulação é incerta. O marketing pessoal brinca de esconde-esconde com a verdadeira questão, que é a das dificuldades e das contradições da intercompreensão. Falamos de manipulação para tentar manter o "controle" da comunicação.

A versão moderna dessa desconfiança na comunicação encontra-se na "palavra" "influenciador". Nas redes sociais existem influenciadores por toda parte. Nem tudo é influência. Parece que todo mundo vai se tornar um influenciador. O que significa ser um influenciador? Quem avalia? Segundo que critérios? Por que não querer ser influenciado? Todo mundo quer ser um influenciador? Como sabemos se a influência foi bem-sucedida? Quem pode realmente interpretar a influência "bem-sucedida"?

Na realidade, "marketing pessoal" ou "influencer" são expressões que nos permitem não abordar a verdadeira questão: por que é tão difícil compreendermo-nos uns aos outros, confiar uns nos outros? Por que tantas vezes desejaríamos influenciar os outros? É melhor tentar entender um pouco sobre a complexidade da comunicação, em vez de acreditar que obviamente todos querem influenciar os outros.

De qualquer forma, sempre somos influenciados por alguém, ao mesmo tempo que influenciamos outras pessoas. A vida é o árbitro.

Comunicação tecnológica e comunicação humana

Quanto mais informação, mais incomunicação. Eis a ruptura do último meio século. Informar não é comunicar. A incomunicação é proporcional ao volume e à velocidade das trocas de informações. Não é falha da comunicação, mas uma de suas etapas. Devemos admitir a legitimidade da incomunicação e utilizá-la para relançar o esforço de compreensão mútua. Isso constitui a ruptura do século XXI. Pensar na incomunicação é, portanto, uma necessidade para evitar o fracasso. É o que explica o imenso sucesso da comunicação tecnológica, considerada muito mais atraente e eficaz do que a comunicação humana.

A comunicação tornou-se vício em ferramentas. Impossível prescindir e obrigatório se adaptar. Mesmo que essa dependência se transforme em ideologia da modernidade. Além disso, nem se coloca a questão do significado, simplesmente não se deve desistir. Não há outras soluções. Isso explica por que, durante mais de meio século, não houve praticamente nenhum questionamento radical sobre esse imenso campo, sem greves políticas, sem movimentos sociais de envergadura.

O único desafio é adaptar-se à modernidade tecnológica. Adaptar-se em vez de criticar. Mesmo a preocupação silenciosa que essa onipresença tecnológica suscita em nosso quotidiano não é mencionada. Não falamos do significado dessas tecnologias, falamos das promessas, muito pouco dos riscos. Medo, preocupação, dúvida são silenciados. Os problemas de hoje serão resolvidos pelo progresso tecnológico de amanhã. No entanto, não é certo que essa vida invadida pela tecnologia digital não seja angustiante. O que significa essa ansiedade de não poder ser contatado "24 horas por dia, sete dias por semana"?

Por que não podemos tolerar o silêncio, o retraimento? Por que estar sempre conectado em aplicativos? Por que preferimos nos adaptar em vez de fazer perguntas aparentemente sem resposta? Por que o medo de ser declarado "inadaptado", "conservador", "ultrapassado"? Comparado com quais valores?

Se ainda ousamos questionar o sentido e as limitações, apressamo-nos a acrescentar: "Mas não estou criticando. Não me oponho...". Qualquer pergunta é imediatamente seguida pelo comentário: "Não sou contra o progresso tecnológico". Implicitamente a mudança é sempre boa. O medo de ficar "ultrapassado" extingue qualquer inclinação crítica. A onipresença de interatividade, transparência e imediatismo dá origem a certos receios. Ascensão da "complosfera", acompanhada de certa paranoia. O reinado dos aplicativos desperta admiração, mas também preocupação silenciosa e desconfiança.

Aplicativos, essa é a palavra mágica do mundo digital. Transparência, performance, abundância e aplicativos são as palavras-chave do mundo das redes e ainda assim, mesmo que esse mundo fascine, desperta certa desconfiança. Além disso, implicitamente e cada vez mais explicitamente, GAFAM assusta. Ninguém mais desconhece seu poder, mas o que podemos fazer? Uma espécie de resignação e adesão acompanha essa consciência. Uma preocupação silenciosa toma conta sub-repticiamente. As promessas tecnológicas, porém, são tão sedutoras...

A comunicação tecnológica continua a fascinar, muito mais do que a comunicação humana, tão hesitante, cheia de lacunas e de problemas. Basta olhar para o fascínio pelo ChatGPT e pela IA.

Um mundo ao vivo, direto, interativo, conversacional, eis o que oficialmente atrai. Melhor ficar calado e adaptar-se do que ser acusado de "conservador" e "refratário à mudança". Ninguém quer ser visto como "tecnófobo". Criticar o mundo digital é ser esmagado pelo progresso tecnológico. Nem nos atrevemos a mencionar o peso e o preço da emissão digital de carbono: existem emissões "boas" e "inevitáveis", eis o preço da ideologia tecnicista.

Já não há distanciamento, humor ou ironia. Uma ideia mínima para sair desse fascínio digital: viver e trabalhar dois dias por semana sem computadores, e-mails e smartphones. Simplesmente perceber que em outros lugares, outras realidades podem existir. Como o que está em jogo é mundial, teremos de inventar, inovar, pensar para colocar entre parênteses um pouco esses "paraísos artificiais", questioná-los. Acima de tudo, acolher com humor, alegria e ironia a emergência do inevitável mundo pós-digital. Porque, claro, haverá um "pós-digital".

Bibliografia *Hermès*

"Francofonia e globalização". *Hermès*, n. 40, 2005.

"O teste da diversidade cultural". *Hermès*, n. 51, 2008.

"Sciences.com': acesso aberto e ciência aberta". *Hermès,* n. 57, 2010.

"O artista, um pesquisador como nenhum outro". *Hermès,* n. 72, 2015.

"BRICS, um espaço ignorado". *Hermès,* n. 79, 2017.

"O caminho dos sentidos". *Hermès,* n. 74, 2016.

"As incomunicações". *Hermès,* n. 84, 2019.

"Tantas músicas, tantos mundos". *Hermès,* n. 86, 2020.

Lepastier, S. (dir.), "A incomunicação". Paris, CNRS Éditions, coleção "Os Essenciais da *Hermès*", 2013.[6]

Elementos bibliográficos

Beaud, S.; Noriel, G. *Races et sciences sociales*: essai sur les usages publics d'une catégorie. Marseille: Agone, 2021.

Bouquet, O. *Pourquoi l'Empire ottoman?*: six siècles d'histoire. Paris: Gallimmard, 2022.

---

[6] Bibliographie *Hermès*
Hermès, la Revue, « Francophonie et mondialisation », n° 40, 2005.
Hermès, la Revue, « L'épreuve de la diversité culturelle », n° 51, 2008.
Hermès, la Revue, « Sciences.com : libre accès et science ouverte », n° 57, 2010.
Hermès, la Revue, « L'artiste, un chercheur pas comme les autres », n° 72, 2015.
Hermès, la Revue, « Les BRICS, un espace ignoré », n° 79, 2017.
Hermès, la Revue, « La voie des sens », n° 74, 2016.
Hermès, la Revue, « Les incommunications », n° 84, 2019.
Hermès, la Revue, « Autant de musiques, autant de mondes », n° 86, 2020.
Lepastier, S. (dir.), *L'incommunication,* Paris, CNRS Éditions, coll. « Les esentiel d'*Hermès* », 2013.

Detey, S. *Savons-nous vraiment parler?*: du contrat linguistique au contrat social. Paris: Armand Colin, 2023.

Elias, N. *La société des individus*. Paris: Fayard, 2019.

Galluzzo, A. *Le Mythe de l'entrepreneur*: défaire l'image de la Silicon Valley. Paris: La Découverte, 2023.

Grimonpont, A. *L'Algocratie*: vivre libre à l'heure des algorithmes. Arles: Actes-Sud, 2022.

Huntington, S. *Qui sommes-nous?*: identité nationale et choc des cultures. Paris: Odile Jacob, 2004.

Mbembe, A. *La Communauté terrestre*. Paris: La Découverte, 2023.

Moisan, D. *Les* Écoptomistes. Paris: Seuil, 2023.

Plenel, E. *L'Appel à la vigilance*: face à l'Extrême droite. Paris: La Découverte, 2023.

Schaeffer, P. *Machines à communiquer. Tome 1. genèse des simulacres*. Paris: Seuil, 1970.

Schaeffer, P., *Machines à communiquer. Tome 2. Pouvoir et communication*. Paris, Seuil, 1972.

Touraine, A. *La Société de communication et ses acteurs*. Paris: Seuil, 2021.

Von Hirschausen, B. *Les Provinces du temps*: frontières fantômes et expériences de l'Histoire. Paris: CNRS Éditions, 2023.

CAPÍTULO III

O RETORNO DO PENSAMENTO CRÍTICO

Nunca haverá uma racionalidade completa da comunicação, nem uma eficiência perfeita, pois ela está no centro da difícil busca da intercompreensão. Essa é a sua força, a sua fraqueza e a razão da relação ambígua que temos com ela. Buscada, desejada, inacabada, raramente dá a resposta esperada, mas ninguém pode prescindir dela.

Pensar a incomunicação é passar de duas para três lógicas, afastar-se da oposição êxito-fracasso, do jogo de perguntas e respostas falsamente tranquilizadoras e integrar a situação mediadora da incomunicação, ora calma, ora intensa. A incomunicação implica também ampliar o campo de negociação, afastando o risco da *acomunicação.* Para fazer isso, lembremos das cinco direções principais. Enfatizar a superioridade da comunicação humana sobre a comunicação técnica; superar a desvalorização da incomunicação; produzir confiança; reduzir a velocidade; evitar os desvios da interatividade.

A incomunicação não é apenas uma realidade óbvia, é também uma questão teórica. O primeiro exemplo diz respeito à confiança. Hoje tudo é possível, mas a confiança está gravemente comprometida pela abundância de fluxos de informação e comunicação. Interações de qualquer tipo não são necessariamente tranquilizadoras. Qualquer um pode dizer qualquer coisa ou mentir. A desconfiança se infiltrou e se instalou com o tempo. Os políticos sabem algo sobre isso. *Infox* destrói tudo.[7] O mundo transparente não existe. Faltam referências.

A segunda questão diz respeito à ausência de pensamento crítico. Os meios de comunicação social, especialmente a televisão, têm sido erroneamente vistos como ameaçadores e manipuladores. Por outro lado, a internet e as redes fascinam. A mídia é má, a internet é boa... A audiência da mídia desperta desconfiança, enquanto, inversamente, os milhões de "seguidores" são vistos como prova da inteligência dos internautas da mídia. Ainda assim são as mesmas pessoas. A audiência da mídia, sempre sob suspeita, passa, ao contrário, a ser admirada com a internet. O mundo digital criou um verdadeiro vício que chamamos de "emancipação". As elites foram as primeiras a abandonar o pensamento crítico. Principalmente no mundo acadêmico. O fascínio tecnológico e a modernidade prevalecem. Como hoje todos se converteram à ideia de que a regulação é necessária, temos a impressão de

---

[7] Infox: informação tóxica (N.T.).

que está tudo resolvido. No entanto, não devemos esquecer que durante trinta anos a vontade de regulamentar a internet foi considerada um ataque à liberdade! A internet era a liberdade. A lei, o conservadorismo. A tecnologia digital impôs-se sem qualquer revolta juntamente com a ideologia da felicidade e da liberdade. Além disso, como se opor ao progresso tecnológico? Não vamos "voltar no tempo".

A tecnologia não é um projeto político e, no entanto, é o único ideal que oferecemos à juventude mundial. Vemos nisso o símbolo da liberdade nas ditaduras, embora os regimes autoritários tenham hoje se tornado perfeitamente competentes em questões digitais e as indústrias imperiais de GAFAM tenham se imposto sem qualquer conflito. Nas democracias também vemos nisso, paradoxalmente, o símbolo da liberdade. A tecnologia tranquiliza enquanto a comunicação humana preocupa. Ou, melhor, assumimos que as ferramentas, através da sua inegável eficácia, reduzirão as contradições da comunicação humana.

A terceira ruptura tem a ver com o equilíbrio de poder entre a comunicação humana e a comunicação técnica. Melhor dizer interatividade para a tecnologia e compreensão mútua para as pessoas. Legitimar a incomunicação significa redescobrir a comunicação humana. Se a tecnologia triunfa com o serviço de informação, que representa mais de 80% dos aplicativos, os resultados são muito mais modestos para política, educação e conhecimento. Revalorizar a comunicação humana supõe, em síntese, ter confiança no indivíduo. As imperfeições da comunicação reforçaram a sedução criada pela tecnologia.

Outras três mudanças impõem-se. Primeiro, modificar a relação entre informação e comunicação, em favor da segunda, porque esta administra a complicada questão da relação com o outro, enquanto a informação diz respeito à mensagem. Alteridade de um lado, mensagem do outro, negociação entre as duas. Por que as pessoas mantêm o conceito de comunicação a distância quando precisam cada vez mais dele?

A segunda mudança concerne a um dos riscos mais importantes das sociedades transparentes, digitais e interativas: a ilusão de sociedades livres da hierarquia de competências em favor de "relações sociais diretas". "Fazer tudo por conta própria", "Seja livre, sem constrangimentos, em casa, no carro, no avião", "Permaneça conectada". Prevalece a ideia evasiva de que a conexão é o símbolo da liberdade, quando é o oposto. É como a palavra rede. Idealizada como símbolo de liberdade, refere-se, na verdade, à realidade de uma rede de pesca. Onde está a liberdade em uma rede de pesca? Paradoxalmente a tecnologia e a aspiração à liberdade complementam-se. O desempenho técnico também reforça o desejo de independência profissional. O teletrabalho para todos, em grande escala, é liberdade! No entanto, a conexão digital não pode compensar as dimensões sociais, físicas e humanas. A tela não constitui uma cultura de trabalho ou mesmo uma cultura. Da mesma forma, devemos fortalecer a legitimidade de todas as profissões que exigem tempo, conhecimento e experiência. Não podemos viver ao vivo. Ninguém é onipresente. A utilização de uma nova tecnologia não é sinônimo da existência de uma nova profissão. Há competência profissional, hierarquia e divisão do trabalho também.

Lembrar a importância das profissões e tradições científicas, políticas ou culturais é tão importante como ter em conta a importância do contexto. Os seres sociais convivem com uma história, uma geografia, um clima, desigualdades, o oposto da globalização e da ilusão de um mundo transparente, imediato e interativo. Os contextos são os traços vivos da incomunicação e forçam a coexistência de realidades tão complicadas como a identidade, a alteridade, a liberdade, a expressão, a argumentação e as divergências.

Uma mudança final diz respeito à relação entre identidade e comunicação. Ontem, a identidade era o obstáculo à comunicação e esta o símbolo da abertura. Era considerada a forma de escapar do confinamento da identidade. Hoje, é o oposto. A onipresença de tecnologias e serviços fragiliza referências e raízes. As identidades estão abaladas. Daí a necessidade de reabilitar a história, as línguas, as religiões, as culturas, o patrimônio, numa palavra, as raízes. Salvar e promover identidades não tem a ver com recuo, conservadorismo ou fronteiras, mas o contrário, o que garante um mínimo de estabilidade num mundo saturado de interatividade. Identidade e confiança são simétricas à abertura e à globalização.

A identidade é hoje a condição da abertura. Identidade relacional. É claro que sempre pode existir uma identidade refúgio, agressiva, hostil, mas as duas não devem ser confundidas. Ou seja, são essenciais às reflexões a ser feitas para pensar a incomunicação o papel da confiança, as ameaças da desconfiança, a importância das profissões intermediárias, os contextos e as culturas. Estes esforços são necessários para promover a visão de uma sociedade mais "indireta": desacelerar, permitir a coexistência de redes de natureza contraditória, preservar as heterogeneidades. Sim à realidade de um mundo indireto com a sua complexidade e lentidão, não à sociedade transparente e direta. Democracia não é sinônimo de rapidez e transparência. Nem todas as lógicas "intermediárias" são obstáculos arcaicos.

O futuro político, ao contrário do que dizem os propagandistas da revolução digital, não está na transparência nem na interatividade permanente, tampouco no imediatismo. A democracia, tal como a comunicação, necessita de contrapoderes, de lógicas de mediação e contradição. O que está *online* não é necessariamente mais eficiente, mais profundo ou mais preciso. É uma necessidade antropológica reintroduzir complexidade, alteridade e diferenças depois de cinquenta anos de elogios às virtudes do imediatismo e da continuidade.

Os "filtros" não são obstáculos à transparência democrática. Se eram ontem, hoje são um meio de garantir essa heterogeneidade, que é a condição de existência das sociedades. Até que ponto as regras são um obstáculo quando a ausência de regras é tão perigosa? Em segundo lugar, até que ponto as regras dificultam a comunicação? A partir de que ponto eles se tornam a condição mesma da comunicação? A incomunicação está dividida entre desempenho, eficiência e negociação.

Canteiros de obras

Podem-se distinguir "sete áreas" para compreender o interesse do conceito de incomunicação, símbolo da dificuldade de compreensão mútua e convite a renovar o esforço para melhorar a intercompreensão.

A primeira consiste em legitimar as três dimensões, interação, incomunicação e *acomunicação*, e não apenas a primeira e a terceira. Sim, a incomunicação permite levar em conta a expansão do campo da informação, o número de interações e o volume de trocas. A segunda, essencial, contempla a crítica às redes. Não, as redes não são a origem de um entendimento mútuo mais amplo, mas são confrontadas com esta questão: o que fazer com aqueles que estão fora das redes? A soma das redes não é o dobro do tamanho da sociedade. O problema todo é mover-se das redes e comunidades até a sociedade. Do mesmo para o outro. Tudo se disse sobre os limites das redes, mas o fascínio permanece talvez porque expresse a mistura entre seleção, comunidade, tecnologia e alteridade. O terceiro canteiro remete ao lugar da tecnologia e do homem na comunicação. Durante mais de cinquenta anos, o primeiro foi desvalorizado em favor da segunda. A intercompreensão permanece em grande parte um mistério e o progresso tecnológico não substitui as contradições humanas e sociais. Aceitar a incomunicação significa ampliar o campo da compreensão mútua. E não encolher. Progresso é ter ido além da "evidência técnica".

Quarto canteiro, relembrar o papel fundamental da escola. Professores continuam denunciando os limites da comunicação técnica e destacando a inteligência da comunicação humana. Não são ouvidos e são suspeitos de conservadorismo. Não existe legislação suficiente para proteger as crianças, que estão sozinhas diante dos seus teclados, dialogando em dificuldade com os pais. Atrás das portas fechadas das famílias surgem todas as contradições de um mundo tecnológico que ocupou demasiado espaço. Os professores ficam demasiado sozinhos para enfrentar a si próprios, suspeitos de não ser suficientemente modernos. As redes estão se tornando o refúgio de jovens a quem são oferecidos tão poucos ideais. Se GAFAM conseguisse convencer os governos de que os professores são demasiado resistentes, inadaptados, demasiado rígidos, e que seria melhor ter mais robôs interativos, estaríamos então perto de uma grande catástrofe. O que faríamos com os professores? Nós os tornaríamos "animadores digitais"... como alguns no mundo digital já querem.

A escola deveria ser o grande local de reflexão crítica sobre as tecnologias de informação e comunicação. Falar sobre isso em todos os níveis. Ter êxito no que perdemos ontem em termos de educação crítica para a mídia. Pensar no estado da informação e da comunicação e em todas as consequências positivas e perigosas da tecnicização da sociedade. Fazer o que a escola foi projetada para fazer: distanciar-se. Uma palavra permite-nos compreender o que falta ao mundo digital: a experiência humana e social. O principal não é ser digital, mas poder escapar e adaptar-se à diversidade e heterogeneidade das situações históricas. Viver mais experiência e adaptar-se a mais contextos. Nada a ver com a ideologia tecnicista que não para de indicar caminhos tecnológicos. A heterogeneidade da experiência contra a racionalidade dos serviços.

O quinto canteiro refere-se ao conflito de legitimidade entre informação, conhecimento e ação. Preservar a versatilidade dos sistemas de referência para escapar a qualquer visão excessivamente racionalista do mundo. Reconhecer a realidade do conflito de legitimidade permite-nos lutar contra a homogeneização do mundo. Isso é pleitear uma "desordem normativa". Nesse sentido, o sexto canteiro consiste em promover a abertura de valores e de imaginação e a luta contra o ódio e o racismo. A Europa, por exemplo, perdeu os seus valores ao esquecer que o mundo inteiro vê como as fronteiras europeias estão fechadas. Explicações serão cobradas. Por que, com tal ideologia de abertura e democracia, incitar violentamente tal rejeição dos migrantes? Hoje tudo é conhecido, visto e compartilhado. Esse "humanismo" contraditório não passa, portanto, despercebido. O Tratado de Schengen não seria aprovado e adotado hoje.

Por que todas essas lógicas de fechamentos e rejeições quando falamos tanto de transparência? Prova mais uma vez de que o mundo digital infelizmente não tem ligação com a paz. Não só porque as ditaduras e os regimes totalitários utilizam muito bem a tecnologia digital, mas também porque a ausência de trabalho crítico sobre a internet nas democracias tem transmitido as mesmas ideologias tecnicistas há mais de meio século. Ecoa a grande questão sobre as relações entre identidades – comunidade – sociedade – coabitação – universalidade. Por que, infelizmente, os conceitos de comunidade e identidade tornaram-se ideais demasiado fechados sobre si mesmos?

A coabitação e a universalidade estão à deriva. Todos permanecem trancados em casa enquanto enfatizam as virtudes da abertura. O isolamento, paradoxalmente, e o medo dos outros prevalecem sobre a abertura. Qual é o risco para o futuro? Um mundo aberto com identidades fechadas. É o sétimo canteiro de obras. A incomunicação pode contribuir tanto para evitar o confinamento da identidade como para legitimá-la. As referências à incomunicação podem ajudar a aproximar-nos da negociação sem que nada nos impeça de fazer dela, ao contrário, uma legitimação da segmentação comunitária.

A turbulência entre aberturas, fechamentos e movimentos identitários leva diretamente aos riscos de desinformação. Com a multiplicação de dicas, expressões, boatos, *fake news*, isso ganhou influência considerável. Hoje, o essencial é percebido como manipulação e desconfiança. Como podemos evitar a aceleração das hostilidades com uma visão de mundo em que todos suspeitam de tudo? A incomunicação pode evoluir para uma visão otimista do mundo ou, inversamente, para uma visão demasiado determinista.

Uma das grandes questões do século XX e do início do século XXI é a do silêncio do mundo acadêmico, principalmente das elites, em relação às questões ligadas ao mundo digital. Um silêncio, sem dúvida, vinculado ao fascínio por tecnologias que ultrapassam a capacidade cognitiva do homem e "simplificam" o acesso à cultura e ao conhecimento. O acesso a todos os tipos de informação e culturas tem sido justamente considerado um avanço e, como se trata de "tecnologias do espírito", muitos viram aí uma vingança do homem em comparação com o reinado de tecnologias recentes que, muitas vezes, foram opressivas para ele. Aqui, ao contrário, temos a impressão de libertação e democratização. Daí, sem dúvida, a falta de pensamento crítico por parte das elites. Em síntese, elas não se comportam necessariamente de forma diferente ao resto da população.

Competição de palavras

É claro que as palavras são fantasiosas, violentas, incertas, maliciosas e inesperadas, mas são úteis mesmo assim.

Tudo se complica com a tecnologia, com o receptor, com o contexto, mas o que fazer sem palavras? Elas não bastam para caracterizar ou alcançar o entendimento mútuo, mas seria ainda pior sem elas e sem a linguagem. Palavras, linguagem, representações, imagens e emoções são constitutivas dessa comunicação tão incerta e tão essencial. Quão essenciais são os cinco sentidos de comunicação sobre os quais nunca falamos o suficiente. Hoje, com a comunicação tecnológica, a visão e a audição prevalecem amplamente no uso. Não há muito para olfato, tato, paladar. Ainda assim, o que seria do mundo sem esses outros sentidos, cada vez mais higienizados. Palavras antigas nunca devem ser esquecidas. Temos de encorajar uma conexão linguística e explorar todas as palavras que envolvem a comunicação, abrindo gavetas da erudição, das associações de sentido, das tradições e novidades, das esquisitices, das meias-verdades, do puritanismo. O erro hoje é muitas vezes acreditar que a linguagem técnica é mais eficiente do que a linguagem humana, quando, na realidade, ela é pobre e limitada. A tirania das palavras "modernas" é perigosa porque não existe uma ligação direta entre a abundância de palavras, serviços, aplicativos e uma melhor compreensão mútua. Nem tudo que é moderno é mais significativo ou mais eficiente.

Por outro lado, palavras novas são muitas vezes uma forma de alguém se promover, de se dar confiança. Apenas um exemplo, a palavra aplicativo. Ela "afetou" todo o universo da internet em menos de dez anos. Tudo é aplicativo, como ideia de novidade, eficiência e progresso! Outra palavra em alta é inteligência. Todos os objetos se tornaram "inteligentes". Inteligência tecnológica é velocidade. Até que ponto os jovens continuarão a vê-la como um símbolo da modernidade? Fazer um pouco de história das palavras seria útil. Outro exemplo simples: "as autoestradas da informação", expressão muito em voga há trinta anos, hoje esquecida e ultrapassada porque todo mundo só fala em "digital". E o que dizer da "telecomputação" ou da "telemática", que anteontem eram o símbolo do progresso? Na realidade, não há distanciamento irônico suficiente das palavras. Outro exemplo: quando só falamos de "liberdade" e "autonomia" do indivíduo, estamos tratando apenas do papel dos influenciadores. Se os influenciadores são tão poderosos, o que resta do nosso pensamento crítico? Da nossa liberdade? Então somos tão facilmente influenciados e os outros tão manipuladores? Sem falar nas novas palavras que desclassificam repentinamente as outras: dos metaversos aos motores de busca, da inteligência artificial ao homem conectado, incluindo TikTok, chatGPT, realidade virtual e robôs conversacionais! Além disso, quem verifica a influência dos influenciadores e com que critérios? Essa é uma questão antiga em relação às indústrias culturais e aos meios de comunicação. Quanto mais o tempo passa, mais percebemos que a resposta a essa questão da "influência" é muito complexa, até porque os receptores estão muito mais distraídos e sobretudo resistentes do que pensávamos. Por que acreditar que os internautas são incapazes de criticar? Por que imaginar influenciadores tão poderosos?

Em todo caso, quanto mais "moderna" é a realidade, mais a identificamos "com o progresso". Em que a modernidade é símbolo do progresso? Uma reflexão crítica sobre os vocabulários digitais seria esclarecedora para introduzir um pouco de distanciamento e ironia. Por outro lado, por que podemos criticar tudo menos o vocabulário digital, muitas vezes anglo-saxão, investido do ideal de modernidade? Isso reflete também uma ansiedade: a de não estar "atrasado" em relação aos diferentes modos de progresso. Por que não falar em vez disso sobre ideologia, conformismo, seguidores? Por que algumas palavras são modernas e outras não, como negociação, compromisso, boato, tradição? Seria necessário realizar um trabalho essencial sobre representações e estereótipos porque eles legitimam palavras, organizam a linguagem e distribuem notas boas e ruins.

Da mesma forma, é fundamental trabalhar os estereótipos, as representações e as "palavras ocas". Isso nos permitiria abordar as palavras "sagradas": velocidade, interações, transparência, bem comum, clareza, coerência, compartilhamento, conectado. Uma menção especial para a palavra clareza, ainda mais utilizada porque na maioria das vezes se refere a situações obscuras. Quanto mais se fala em "clareza", mais temos de desconfiar.

Ou, inversamente, por que o falar baixo sobre palavras ditas "ultrapassadas", como passado, tradições, fronteiras, lentidão, experiência, paciência. O progresso hoje consiste em "viver ao vivo". Tudo é "direto" e imediato, até as guerras, desde a primeira guerra do Iraque, em 1991.[8] Além disso, quanto mais importante algo é, mais tem de ser "ao vivo". Não acreditamos mais nas informações se não houver imagens. Nem estamos interessados nisso. A informação é a imagem a ser vista ao vivo. A verdade hoje é ao vivo. Esperando pelo amanhã virtual? Um simples inventário dessas palavras e

[8] Wolton, D., *War Game*, Flammarion, 1991.

expressões dos últimos cinquenta anos seria útil para todos. A escola teria aqui um papel essencial para tentar colocar em perspectiva o mundo das telas e do imediatismo. Telas, uma palavra interessante porque simboliza a liberdade do mundo moderno e, ao mesmo tempo, todos sabem, remete à ideia de fechamento e obstáculo. O mesmo acontece com a palavra conectado. O homem está acima de tudo conectado, mas então onde está a sua liberdade entre redes, telas, conexões? Sem falar nesta patologia da internet: nada se apaga, nada se esquece. A internet nada esquece. Como viver sem esquecer de nada?

Isso é tanto mais interessante porque, ao mesmo tempo, vivemos num mundo de "repetição". Não há necessidade de vivenciar os eventos ao vivo, há replay! O replay é o oposto da *live*! Viveríamos então ao vivo e em replay? Cansativo. O mesmo acontece com os internautas, que são, ao mesmo tempo, livres, criativos e sob a influência de influenciadores? Ainda há, porém, palavras a serem valorizadas, como confiança, lentidão, negociação, incomunicação, comunicação humana, alteridade. Por que as palavras humanas em torno da comunicação tendem a ser tão menosprezadas, até mesmo desvalorizadas? Por que tanto entusiasmo por palavras técnicas, virtuais e especialmente inglesas?

Todas as palavras audiovisuais são arcaicas, todas as palavras digitais são sedutoras? Esperando ainda por mais siglas e palavras virtuais! Quanto mais aparelhos auditivos tivermos, mais eficientes, modernos e provavelmente inteligentes seremos. Mas "viver ao vivo" rapidamente se torna impossível. Não há vida nem sociedade ao vivo! A menos que cada um se abandone a uma ilusão de controle do tempo.

Quem fala em gestão de tempo, fala em rastreabilidade. O celular é um bom exemplo. É o símbolo da liberdade e, ao mesmo tempo, a rastreabilidade total. O que fazer com essa contradição? Basta ver o nosso estado de histeria quando o nosso smartphone se quebra ou se perde durante quinze minutos para compreender a nossa dependência, a nossa fragilidade e a nossa profunda irracionalidade.

Por que tão pouco interesse em levar em conta os contextos? No entanto, eles desempenham um papel determinante e simbolizam a alteridade e as desigualdades. A tecnologia digital não se liberta do contexto, cria a ilusão de deixá-lo de lado. Porém, entre o contexto, a tecnologia e o indivíduo, existe uma negociação permanente. Por que desvalorizar tanto a palavra compromisso, sempre considerada duvidosa, quando é essencial a toda a vida social e quando é sinônimo de negociação, portanto, de reconhecimento da existência do outro?

Por que a conversa fiada, linguagem oca, tão onipresente no mundo digital, nunca é criticada? Por que tão pouco esforço para sair do mundo GAFAM? Além disso, por que todas as tecnologias (nuclear, química, etc.) são criticadas, exceto a digital? A dimensão de "liberdade" e emancipação parece inevitavelmente compensar os riscos. Na realidade, a tecnicização do vocabulário invadiu a comunicação. Nem tudo que é novo é melhor. Nem tudo que é moderno é progresso. E nem tudo que é progresso é necessariamente novo e moderno.

Não são apenas esses amálgamas que são perigosos, existem também os desvios de significado. Nem tudo caminha em direção à "paz". Os usos policiais e militares são consideráveis. A tecnologia digital é utilizada pelo menos tanto para a guerra quanto para a paz. O Homem Digital não é pacífico. Na verdade, hesitamos entre dois horizontes. Ou a alegria da tecnologia digital, ou a realidade da guerra e da militarização, com drones e todas as ferramentas mais aterrorizantes. Céu, inferno. Em ambos os casos, otimistas ou pessimistas, as palavras da tecnologia dificilmente suscitam críticas. Os acadêmicos, ao menos há cinquenta anos, deveriam ter encarado essa reflexão. Sem contar que, na maioria das vezes, confundimos aprender a adaptar-se a novas ferramentas com reflexão crítica.

Ao menos duas revisões devem ser feitas. Contra o irenismo dominante. Contra a sua simetria: a desinformação. Para isso, precisamos fazer uma verdadeira reflexão sobre as palavras informação, comunicação, recepção, contexto, incomunicação, *acomunicação*. Assim tomaremos consciência da possibilidade da existência de uma margem de manobra. Por enquanto, o vocabulário e os valores tecnológicos invadiram tudo. O que predomina, acima de tudo, é "o medo" de ser ultrapassado pela performance técnica. Por que esse medo? Sem dúvida porque o estereótipo "digital é inteligência" continua a prevalecer. Principalmente porque com o digital estaríamos num universo limpo, sem esforço físico. Mesmo no que se refere às ameaças contra as liberdades fundamentais tem havido pouca resistência. Também aqui o sentimento de liberdade prevalece sobre o medo. O pensamento político está em pane. Prova? O desejo de utopia é identificado com promessas tecnológicas. "A internet é um avanço". Nova sociedade? Ela está na ponta das redes!

Foram necessários mais de quarenta anos para trazer a ecologia ao debate político, quarenta anos para fazer o mesmo com a energia nuclear. Quanto será necessário para o digital?

Pensadores críticos da tecnologia têm sido raros no último meio século e, sobretudo, desvalorizados, identificados com o pensamento conservador, hostil ao progresso. A ideia de regulação, que aos poucos vai se consolidando, dá a sensação de que tudo vai melhorar! Se GAFAM preocupa, não há dúvida de que ainda faz parte de uma "lógica de progresso". As características técnicas, volume, velocidade, liberdade, virtualidade, etc., tornaram-se identificadores do novo mundo.

Dentro de dez ou vinte anos as perspectivas críticas serão muito mais numerosas. Por enquanto as contradições preocupam menos do que as promessas fascinam. Três desafios para a informação: preservar o lugar essencial da informação política em relação a todas as outras formas de informação; não deixar que a informação política se confunda com informação de serviço e evitar que a informação econômica, os famosos dados, desidrate o conjunto. A economia não pode ser o centro da informação. Cada dimensão da informação deve permanecer em seu lugar.

Para a comunicação também existem três desafios. O primeiro é preservar o lugar da alteridade. Não há comunicação sem negociação e sem reconhecimento do outro. Por outro lado, garantir o equilíbrio entre a comunicação humana e a comunicação técnica. Por fim, evitar que a "lógica do marketing", num mundo de interações, desestabilize os valores inerentes à comunicação, que são o respeito pelos outros e a negociação. A comunicação não é principalmente autoexposição, mas as condições de coabitação menos violentas possíveis.

Uma coisa é certa: o silêncio das elites em relação à "revolução da informação" dificilmente tornou mais fácil alcançar distanciamento crítico. O "contexto cultural" foi consideravelmente favorável a essa revolução técnica, identificada com o progresso político. Daí a necessidade da "batalha de palavras" para criar margem de manobra. Na verdade, através da "revolução tecnológica" o que está em jogo é o estatuto da modernidade. Quando conseguiremos finalmente afastar-nos dessa concepção excessivamente técnica da modernidade em favor de dimensões mais antropológicas?

As palavras "informação" e "comunicação"

Informação é a mensagem (voz, som, texto, imagem, dados, etc.); comunicação é relacionamento. Toda a radical diferença está aí. A comunicação é sempre mais complicada porque envolve uma relação, portanto a vinculação com os outros. Além dos raros momentos de compreensão mútua, a comunicação exige muita negociação. As dificuldades pessoais, coletivas ou políticas de comunicação explicam a fraca legitimidade de que infelizmente é objeto. No entanto, ela está na base de todas as sociedades, especialmente nas democracias, embora não tenha o prestígio da informação e, sobretudo, os obstáculos à comunicação humana expliquem o sucesso da comunicação técnica.

Os quatro significados da palavra "informação"

1. Informação política: coração da democracia. O bem mais frágil, que coloca no centro o papel essencial e

indispensável dos jornalistas. O que chamamos simplesmente de "informação".

2. Informação como serviço: aquilo que triunfa com a tecnologia e as redes digitais e que literalmente anima o nosso cotidiano. Uma verdadeira revolução. Todas as informações práticas estão disponíveis. Impossível viver sem elas. Tanto jovens quanto velhos não conseguem sequer imaginar um mundo sem serviços de informação (horários de todos os tipos, meteorologia, Wikipédia, anuários, etc.).

3. Informação relacional: filha de todas as redes e da liberalização das relações humanas. Muitas vezes é o remédio para a solidão emocional. "Livre, mas sozinho" é, muitas vezes, o risco da vida nas "sociedades modernas".

4. Informação-conhecimento: todos têm acesso a todo o conhecimento do mundo em apenas alguns segundos. Enorme biblioteca, sensação de liberdade e igualdade. Conhecimento para todos. Possibilidade de ascensão social. Curiosidade imediatamente satisfeita mesmo que a soma de informação, saberes e conhecimento não seja suficiente para criar cultura.

A informação como serviço é o núcleo do mundo digital. Todos podem fazer tudo imediatamente. Menos esforço, menos tempo perdido. Infelizmente o serviço gratuito está desaparecendo, assim como a igualdade. A soma do conhecimento prático não forma uma sociedade. A informação política é a mais frágil e a mais aberta a todas as manipulações. A grande descoberta é a das informações relacionais, possibilitando remediar a solidão. Graças à liberdade de expressão, é mais fácil escapar da solidão, mesmo que as relações privadas ou comunitárias não sejam mais simples. Em suma, a abundância de informação, para além dos serviços de informação, levanta um número considerável de questões. Sem falar da defesa da privacidade, da rastreabilidade, das liberdades públicas e muito mais, do poder das notícias falsas, do imperialismo GAFAM.

Comunicação. É o relacionamento; o exercício do encontro. Durante vários séculos, as liberdades de informação e comunicação foram complementares, até mesmo sinônimas. A emancipação política dos indivíduos e a democracia andaram de mãos dadas. Foi apenas na segunda parte do século XX que a ruptura se estabeleceu. A abundância de informação não criou a abundância de comunicações. O contexto, tal como as desigualdades, complica tudo. Qual a descoberta do século XX? Quanto mais fácil interagir, mais os relacionamentos se tornam complicados. Daí o sucesso hoje de todas as formas de comunicação tecnológicas que parecem mais satisfatórias. A comunicação é muito melhor do que a "com", à qual muitas vezes é reduzida. Caricaturá-la, contudo, leva a não fazer muitos questionamentos, nem sobre nós próprios, nem sobre as contradições em que estamos "inseridos".

Quatro significados da palavra "comunicação"

1. A comunicação como símbolo de poder. Aquele que tem poder domina através da fala e das ações. Comunicar é exercer o poder simbólico. A outra forma de poder é o silêncio e, por vezes, o sigilo. Trata-se de uma comunicação dirigida.

2. Por outro lado, comunicação-expressão: Muito recente,

ligada a todos os movimentos de libertação e à democracia. Viver é se expressar. Uma conquista imensa, mas a descoberta das dificuldades de expressão e, principalmente, de diálogo explica certa decepção. Queremos expressão para nós mesmos.

3. A terceira dimensão é a busca da interação e da igualdade, horizonte normativo da comunicação. Da interação à compreensão mútua com todas as dificuldades pessoais e desigualdades do contexto.

4. Comunicação como negociação. Essencial para encontrar um ponto de equilíbrio entre as diferentes formas de compreensão mútua. Pressupõe o reconhecimento mútuo, mas também admite a força das divergências. Negociar para evitar o fracasso e para tentar conviver. É a dimensão mais importante de um mundo aberto, mas também a mais difícil porque ninguém quer fazer concessões facilmente. Essas definições são essenciais para distinguir os conceitos de informação e comunicação. Ambos são políticos antes de ser técnicos. Uma coisa é certa: quanto mais simples é interagir, mais complicado tudo fica.

Um dia digital comum

"A noite correu bem. Ao menos é isso que meu aplicativo 'despertador' me permite entender ao escolher um momento de sono leve para tocar uma música dinâmica, sinal de que a análise dos dados concluiu que a qualidade do sono foi boa. Provavelmente terei que me equipar com uma pulseira noturna e um colchão conectado para refinar um pouco tudo isso. O aplicativo 'Popote Duck' não oferece nada para o cardápio do café da manhã, em todo caso tomo sempre a mesma coisa e a cafeteira já foi ligada automaticamente. Vamos ver o que meu calendário me diz sobre o conteúdo da minha jornada de trabalho: mais reuniões e treinamentos! Mas um pequeno tempo livre às 15h30 durante o qual poderei ficar atento à disponibilidade de ingressos para shows na Arena. Ouço um podcast enquanto caminho para o metrô, depois no trem posso assistir aos vídeos postados pelos meus amigos. Estava ficando cansado ontem e não conseguia ver tudo na cama. Esses fones de ouvido com redução de ruído são uma bênção para escapar da multidão e esquecer as pessoas que também estão olhando seus smartphones a algumas dezenas de centímetros de mim. Nem nos olhamos. Nós nos ignoramos enquanto nos comunicamos na mesma cultura tecnológica.

Tenho que me perguntar até onde vai essa dependência tecnológica? Assim que saí de casa coloquei meus 'rolinhos eletrônicos', fiquei isolado do mundo e não vi mais ninguém. Esquizofrenia. Tenho que ter um pouco de cuidado: toda vez que meu smartphone toca, tenho tendência a parar instantaneamente, mesmo no meio da rua, para atender a ligação. É perigoso. Por que é sempre a última chamada que importa? Por que você quer estar sempre conectado e não suporta ficar em silêncio por um momento? Além disso, se tenho algo a melhorar é ficar mais atento às crianças. Quando vou passear com elas, fico absorto no meu smartphone e nem as ouço quando estão dizendo alguma coisa. Eu não escuto, finjo, fixado na tela. Simplesmente repito mecanicamente 'vamos lá, cuidado com os carros'. Por que querer estar sempre em vários lugares ao mesmo tempo e tão pouco atento aos entes queridos?

No escritório, meu crachá de entrada também é usado para desbloquear meu computador e me dar acesso à rede segura. De todas as mensagens recebidas, apenas três requerem uma resposta urgente. Um dia tranquilo pela frente! Mas tenho tantos e-mails atrasados a responder. Trabalho para umas três horas. Depois ficarei tranquilo algum tempo.

Primeiro encontro: metade dos participantes é por vídeo. A maioria das pessoas usa viagens ou circunstâncias imprevistas como desculpa para se manter aquecida em casa. Ninguém se engana com isso. Entre elas deve haver duas ou três que ainda estão com as calças do pijama. Todas mostram apenas o busto. Muita astúcia para se esconder. Há quem borre o papel de parede e quem crie uma biblioteca falsa, um escritório falso ou use uma foto de ambiente que inspire seriedade. Ninguém mostra a localização real onde está, certamente a garagem, a cama ou a mesa da cozinha. De qualquer forma, já estou começando a me cansar do *home office*. Quero sair, encontrar amigos, ver o mundo.

Em conexão permanente, tenho a sensação de estar vigiado! Não estou mais em casa! Eu gostaria de cortar um pouco...

Como todo mundo, tenho o computador ligado na minha frente e posso me concentrar nas mensagens urgentes enquanto o chefe conduz a reunião. Também tenho um relatório para apresentar até o final do mês: bacanas essas descobertas de IA generativa para criar a estrutura do relatório e até certas frases, todas em francês sem erros! Dou um jeito de enviar meus e-mails pessoais. De volta ao meu *open space*, noto que os fones de ouvido do meu colega de escritório são de má qualidade e deixam vazar sons de música. Nem por isso vou comprar protetores de ouvido! Aumento o volume dos meus fones. O Spotify me recomendou um compositor do século passado com nome grego, ele criou muita música de cinema a partir de peças de sintetizador muito calmas: ideal para eu me concentrar entre dois alertas do X. Ah, é hora do BeReal. Não adianta publicar a minha foto fazendo careta para este curso e-learning com certificação sobre classificação de personalidades para que a e-gestão se torne uma verdadeira alavanca de competitividade. Vou esperar o intervalo para o café.

À hora do almoço poderei escolher o menu com o código QR da cantina e utilizar o pagamento *contactless* através do meu celular. Ainda é a mesma qualidade da comida, mas pelo menos estão se modernizando! Preciso me lembrar de tirar uma foto do prato para ter uma estimativa das calorias que isso representa. Ontem dei apenas 7.324 passos e isso não representa esforço físico diário suficiente. Neste fim de semana estou pronto para relançar o Nike Training Club. Felizmente nos reunimos todos como amigos no fim de semana para praticar um pouco de esporte. Estou farto dessa vida 'online'.

Enquanto como, assistirei ao resto da série que comecei ontem à noite: deixei Walter-Heisenberg e Jesse cada um em sua família, mas com um cadáver os conectando. Impossível parar no final de um episódio, o roteiro obriga a assistir ao resto. Felizmente o aplicativo permite continuar exatamente de onde se parou. Depois do trabalho iremos ao café com a turma. A Lulu deve nos enviar a localização. O aplicativo 'Transit' me dirá onde fica e como chegar. Gosto quando nos reunimos, tiramos *selfies* e criticamos quem está ausente. Isso dá a cada um de nós algo para alimentar e postar histórias no Insta.

Não terei como ficar muito tempo porque, mesmo que não precise fazer compras e esperar na fila do supermercado, tudo me será entregue entre 18h30 e 19h30. Isso me dará tempo de organizar minha próxima viagem: destino sugerido pelo Tripadvisor, transporte aéreo mais barato encontrado no Google/voos, acomodação agradável no AirBnB. Só terei que encontrar um site para fazer o álbum de fotos de recordação, porque para mim as memórias devem ser concretas e não apenas digitais!

No entanto, a digitalização é um progresso fantástico. Agora existem tantas fotos digitais sobre tantos assuntos que tenho preguiça de olhar para elas. Queremos ver tudo imediatamente e acabamos cansados disso. Quase nos perguntamos se não era melhor 'antes', quando havia tempo entre tirar a foto e poder vê-la! Não vou me tornar um 'velho reaça' que pensa que antes, ontem, no passado, as coisas não eram necessariamente tão ruins..."

Bibliografia *Hermès*

"Povo, popular, populismo". *Hermès,* n. 42, 2005.

"Tradução e globalização". *Hermès,* vol. 1, n. 49, 2007.

"Tradução e globalização", *Hermès,* vol. 2, n. 56, 2010.

"Línguas ocas". *Hermès,* n. 58, 2010.

"Interdisciplinaridade: entre a disciplina e a indisciplina". *Hermès,* n. 67, 2013.

"Controvérsias e comunicação". *Hermès,* n. 73, 2015.

"O caminho dos sentidos". *Hermès,* n. 74, 2016.

"Sobre a comunicação na diplomacia". *Hermès,* n. 81, 2018.

"Estereótipos, ainda e sempre". *Hermès,* n. 83, 2019.

"Erudição". *Hermès,* n. 87, 2021.

"Confiança e comunicação, uma aporia democrática". *Hermès,* n. 88, 2021.

Joux, A. (org.), "Jornalismo e pós-verdade". Paris, CNRS Éditions, col. "Essenciais da *Hermès*", 2023.

Rouet, G. (org.), Ranking de universidades. Paris, CNRS Éditions, col. "Essenciais da *Hermès*", 2022.[9]

---

[9] Bibliographie *Hermès*
Hermès, la Revue, « Peuple, populaire, populisme », n° 42, 2005.
Hermès, la Revue, « Traduction et mondialisation », vol. 1., n° 49, 2007.
Hermès, la Revue, « Traduction et mondialisation », vol. 2., n° 56, 2010.
Hermès, la Revue, « Les langues de bois », n° 58, 2010.
Hermès, la Revue, « Interdisciplinarité : entre discipline et indiscipline », n° 67, 2013.
Hermès, la Revue, « Controverses et communication », n° 73, 2015.
Hermès, la Revue, « La voie des sens », n° 74, 2016.
Hermès, la Revue, « De la communication en diplomatie », n° 81, 2018.
Hermès, la Revue, « Les stéréotypes, encore et toujours », n° 83, 2019.
Hermès, la Revue, « L'Érudition », n° 87, 2021.
Hermès, la Revue, « Confiance et communication, une aporie démocratique », n° 88, 2021.
Joux, A. (dir.), Journalisme et « post-vérité », Paris, CNRS Éditions, coll. « Les Essentiels d'*Hermès* », 2023.

Elementos bibliográficos

Atlan, M.; Droit, R.-P. *Quand la parole détruit.* Paris: L'Observatoire, 2023.

Bersini, A. *Algocratie*: allons-nous donner le pouvoir aux algorithmes?. Lou-vain-La-Neuve: De Boeck Supérieur, 2023.

Bordes-Benayoun, C.; Schnapper, D. *Diasporas et nations.* Paris: Odile Jacob, 2006.

Cassin, B. *Ce que peuvent les mots.* Paris: Bouquins, 2022.

De Fontenay, E. *L'identité humaine.* Paris: Bouquins, 2021.

De Vignemont, F. *Désenchanter le corps*: aux origines de la conscience de soi. Paris: Odile Jacob, 2023.

Jarrige, F. *Technocritiques. Du refus des machines à la contestation des technosciences.* Paris: La Découverte, 2016.

Joas, H. *Comment naissent les valeurs.* Paris: Calmann Levy, 2023.

Lefbvre, B.; Ferhadjian, D. (dir.). *Comprendre les génocides du* xxe siècle. Comparer-Enseigner, Paris: Bréal, 2007.

Louette, P. *Des Géants et des hommes*: pour en finir avec l'emprise des Gafam sur nos vies. Paris: Robert Laffont, 2021.

Morozov, E. *Pour tout résoudre cliquez ici*: l'aberration du solutionnisme technologique. Limoges: Éditions FYP, 2014.

Oustinoff, M. *La Traduction*, Paris, PUF, 2009.

Rouet G. (dir.), Classement des universités, Paris, CNRS Éditions, coll. « Les Essentiels d'*Hermès* », 2022.

Pottier, A. *Concilier économie et écologie*: les textes fondateurs du Centre international de recherche sur l'environnement et le développement. Paris: Presses de l'École nationale des ponts et chaussées, 2023.

Ramel, F. *La bienveillance dans les relations internationales.* Paris: CNRS Éditions, 2022.

Schulman, S. *Le conflit n'est pas une agression.* Montreal: Éditions B42, 2022.

Singaravélou, P. *Colonisation*: notre histoire. Paris: Seuil, 2023.

Turkle, S. *Les yeux dans les yeux*: le pouvoir de la conversation à l'heure du numérique. Arles: Actes Sud, 2020.

Viktorovitch, C. *Le pouvoir rhétorique.* Paris: Seuil, 2022.

Watier, P. *Éloge de la confiance.* Paris: Belin, 2008.

Zarka, Y.-C. *Réflexions philosophiques sur notre temps.* Paris: PUF, 2023.

CAPÍTULO IV

INCOMUNICAÇÃO: AS INCRÍVEIS OPORTUNIDADES DA EUROPA

A Europa constitui, sem dúvida, a maior realidade atual da incomunicação. Tudo nela era fadado ao fracasso. No entanto, nada impediu a sua construção durante 60 anos. Passou de seis para nove, quinze e vinte e sete países hoje. Sem falar nos quarenta e seis membros do Conselho da Europa (1949) e nos quarenta e quatro da comunidade política europeia (CPE), criada em 2022.

Sim, tudo está marcado pela incomunicação: história, ódio, estereótipos, falta de confiança, acontecimentos, tradição. Tudo para falhar. Contudo, a Europa continua a construir-se, incluindo as duas últimas tragédias da guerra ucraniana e antes disso a Covid-19. A cada vez, a violência do acontecimento suscitou a possibilidade de romper a incomunicação e agir. O paradoxo é que essa capacidade de invenção política ocorre com muita desconfiança mútua. Apesar disso, em nenhum outro lugar do mundo todas as decisões importantes são tão coletivas, tomadas por vinte e sete membros. Basta pensar na quantidade de negociações que isso representa. Este é o cerne da incomunicação: tudo vem de fracassos e, apesar de todas as desconfianças recíprocas, a Europa continua a ser erguida.

Uma condição essencial para o êxito é o papel da confiança. Na verdade, apesar das divergências permanentes, existe confiança. A confiança é, portanto, simétrica à incomunicação. Não há incomunicação se não houver um mínimo de confiança. Existem dois paradoxos em relação à Europa. Por um lado, a importância do papel da incomunicação no avanço. É porque não existe uma aproximação "natural" que a vontade política desempenha o papel essencial. A importância da incomunicação torna-se condição de reaproximação. O desacordo obriga à ação. Por outro lado, um mínimo de confiança é necessário para superar a *acomunicação*. Incomunicação e confiança, as duas condições para escapar da *acomunicação*. Elas permitem que se inverta a lógica, passando do fracasso ao êxito. A questão, portanto, é: até que ponto a incomunicação e a confiança podem ser a condição da ação política? A partir de quando não podem prevenir o fracasso e a *acomunicação*?

Não só não devemos colocar a incomunicação para "debaixo do tapete", mas também devemos reconhecer que ela é um fator positivo na ação, particularmente através da política, da sociedade civil, das associações, da democracia "participativa". Quando a incomunicação pode ser um fator favorável? A partir de quando se torna um obstáculo intransponível? Em todos os casos, reconhecer a incomunicação como paradoxalmente uma das condições para a construção da Europa exige que compreendamos o papel da confiança.

Três situações concretas precisam ser examinadas. A primeira é a incomunicação como, de fato, um fator eficaz na construção da Europa. A segunda é quando a incomunicação é menos mobilizada. Devem ser feitos progressos para fortalecer essa "coesão paradoxal", que envolve o reconhecimento das diferenças. A terceira situação é aquela em que é claramente necessário envidar esforços para fortalecer a construção da Europa.

A incomunicação: no centro da construção da Europa

As dificuldades de compreensão mútua não suscitam o desejo de desistência, mas, ao contrário, a vontade de agir. A dificuldade se torna uma motivação para agir novamente. Alguns exemplos. A primeira é simplesmente a existência da própria Europa. Ninguém teria pensado que seria possível passar de seis para vinte e sete, ou mesmo trinta Estados. É porque isso era *a priori* impossível que a incomunicação tornou-se um fator positivo. É claro que a incomunicação não desempenha um papel positivo em todas as situações históricas, mas, por vezes, como na Europa, face a tal utopia, pode ser um acelerador da História. A incomunicação, através do que expressa como impossível, tornou-se paradoxalmente um fator de mobilização.

O segundo êxito é ter iniciado as aproximações pela economia e não pela política. Certamente o "mercado comum" é um projeto político, mas a lógica econômica dominante tornou mais fácil conexões e cooperação. Com a economia, não falamos sobre o que divide, e todos sabem que a cultura divide mais as pessoas do que une.

O terceiro êxito foi insistir no "encontro" e na "negociação presencial". Certamente, à época, a internet e as capacidades tecnológicas para comunicação remota não existiam, mas de qualquer maneira, chefes de Estado e funcionários públicos continuaram a reunir-se para tentar reduzir a incomunicação. A reunião presencial continua sendo a grande oportunidade da política. Encontrar-se para evitar ficar presos em oposições e para tentar encontrar saídas. Como sempre foi feito nos mercados e principalmente nas feiras de gado! O calendário político anual está repleto de reuniões oficiais e não oficiais. Ver-se, conversar, observar-se, comer, sorrir, caminhar juntos é muito mais comum do que há cinquenta anos. No entanto, os chefes de Estado não precisam realmente se reunir, eles têm toda a informação de que necessitam para tomar decisões. Apenas a reunião presencial, porém, cria o mínimo de confiança necessário ao acordo.

O quarto desafio consistia em garantir, desde o início e de forma clara, a referência da Europa ao Estado de Direito e à democracia. Isso parece hoje "natural", mas o período imediato do pós-guerra, particularmente a Guerra Fria, não incentivou a colocação da lei na vanguarda. No entanto, era assim com todas as instituições, como se a aproximação entre os inimigos de ontem só pudesse ser alcançada com a legitimidade da Lei. Pela referência ao Estado de Direito lembra-se a prioridade da liberdade e justiça. Mesmo que o liberalismo econômico domine, a referência continua a ser um projeto político de aproximação, não apenas a criação de um mercado comum. A Europa é o principal regulador da internet. Primeiro, obrigando GAFAM a pagar impostos. Depois, através de medidas cada vez mais numerosas para ampliar a lei: a RGPD para proteger dados [Regulamento Geral para Proteção de Dados]; o DSA para serviços digitais [Regulamento de Serviços Digitais]; o DMA para os mercados [Regulamento para Mercados Digitais].

Por fim, as crises foram aceitas como reflexos da falta de comunicação entre os Estados. As divergências eram públicas. Aceitavam-se conflitos e negociações. Estamos tão habituados na Europa a essa visibilidade de divergências que achamos tudo isto normal. A natureza pública dos confrontos e negociações talvez explique o pessimismo ambiente. Prevemos sempre o fracasso, embora devêssemos, ao contrário, saudar a capacidade de construir! Uma Europa na qual as incomunicações são visíveis, vivas e em negociação. O oposto de todos os regimes autoritários onde tudo resta mascarado e secreto.

Esses cinco exemplos mostram o objetivo político: aproximar-nos, agir em conjunto e, ao mesmo tempo, não negar as contradições. Incomunicação, negociação, coabitação, eis as palavras-chave da Europa. Do ponto de vista da comunicação política, a Europa deve tentar agir em duas direções. Em primeiro lugar, resistir à fragmentação do mundo a que assistimos desde a década de 1990, com os riscos do nacionalismo e do identitarismo. Uma globalização liberal em nível econômico, enfrentando identidades culturais e religiosas, a chamada "terceira" globalização. Depois, mostrar que as referências universais da Europa são algo diferente do ocidentalismo, mesmo que haja muita confusão. As experiências coloniais obrigam a fazer tal distinção e esta reflexão crítica. Essa é também uma forma de ver a questão da migração de modo diferente, não como um fardo, mas como uma oportunidade. Toda a história das relações entre o colonialismo, o ocidentalismo e o universalismo precisa ser revisitada. Além disso, esta reflexão também pode ser útil para outros países, outras potências políticas, outros continentes.

Reaproximações

A utopia europeia não pode superar todas as incomunicações atuais. De qualquer maneira, resulta numa espécie de "obrigação política" atuar em cinco áreas cruciais:

Em primeiro lugar, valorizar este fato político contundente: desde Schengen as fronteiras têm estado abertas, mesmo que tal decisão já não fosse possível hoje. Uma das principais consequências: a importância das populações fronteiriças. Mais de 230 milhões de europeus vivem de forma bem-sucedida nas zonas fronteiriças internas da Europa. Isso representa metade da população europeia. Uma maravilhosa oportunidade de contato apesar da violência da História. Uma realidade de convivência pacífica, apesar das disputas, dos estereótipos e das inúmeras desconfianças, porque nada se esquece facilmente. Infelizmente não falamos o suficiente sobre essa lição política, como se a coabitação fronteiriça tivesse se tornado "natural". No entanto, é uma imensa conquista política. O risco, claro, é que a abertura resulte num fenômeno de gueto. Promover a experiência das zonas fronteiriças é tanto mais essencial quanto hoje há muito menos espírito de abertura. Aceitamos a globalização econômica, temos receio do fim das fronteiras. Por um lado, para o capital e para os ricos, abrimos; por outro lado, fechamos. Obviamente teremos de reduzir essa contradição que exemplifica a incomunicação da Europa.

O segundo desafio é reforçar a cooperação e acabar com a desconfiança constante em relação a quem quer aderir à Europa e esbarra na realidade de uma fortaleza. Desse ponto de vista, a porta aberta pela Ucrânia e pela Moldávia é uma boa notícia porque muitas vezes a diversidade é aceita entre nós, mas não necessariamente a diversidade e os migrantes, que, embora essenciais, são rejeitados. Essa desconfiança, que alimenta o racismo e a exclusão, é uma forma de incomunicação muito prejudicial. É preciso estar atento às consequências desastrosas das imagens fornecidas pelos meios de comunicação e redes de todo o mundo sobre a rejeição aos migrantes que gostariam de "invadir" a Europa. Imagens que mostram a "Fortaleza Europeia" sempre terão um efeito desastroso. De um lado, a democracia; do outro, a rejeição aos migrantes, o egoísmo e a falta de comunicação. É claro que a Europa não pode acomodar todas as migrações, mas hoje a ruptura é demasiado violenta. Nunca o desejo de fechamento foi tão forte. No entanto, a Europa precisa de migrantes. Os migrantes, ilegais ou não, são uma oportunidade para a Europa. Não falamos o bastante sobre tudo o que eles trazem. Ninguém disse isso mais alto do que o Papa Francisco, durante a sua visita pastoral a Marselha, no final de setembro de 2023.

A política europeia de migração é talvez um dos seus fracassos. Isso diz respeito à questão essencial da relação com o outro. A Europa é acolhedora com aqueles que estão no espaço "certo" e "hostil" com os outros. Uma formidável máquina de segregação. No entanto, cada europeu é, na maioria das vezes, um migrante ilegal de três ou quatro gerações. A diversidade cultural não pode ser apenas a dos europeus. Como pode se ter desempenhado um papel essencial na negociação a favor da diversidade cultural na Unesco em 2005 e se estar obcecado por uma lógica do bunker e da desconfiança aos outros?

Os migrantes são atores do multiculturalismo e das múltiplas identidades. Por que nunca dizer ou promover isso? Múltiplas identidades são a realidade de hoje e de amanhã. Tudo será, ao mesmo tempo, identidade e convivência. O número crescente de migrações, causadas pela globalização liberal, multiplica assim as causas dos conflitos. A Europa que fecha as suas portas aos migrantes encontra-se em contradição com os seus valores democráticos. Especialmente porque aderiu à globalização liberal, cujos impactos conhecemos agora na migração. Por que é que a Europa não aproveita as atuais críticas crescentes à globalização liberal para inventar uma nova política de migração e torná-la um dos grandes projetos europeus? Será um disparate recordar que o projeto europeu é, antes de mais nada, político antes de ser econômico? Afinal, nada obriga a Europa a apoiar o modelo liberal de globalização, mas tudo aponta para que seja menos fechado em relação aos movimentos populacionais.

De qualquer maneira, as migrações são a porta de entrada para a história colonial europeia. Um canteiro importante a começar, com seus fracassos e seus êxitos. Devemos parar de enterrar a cabeça na areia. Quanto mais cedo abrirmos esse capítulo, mais cedo veremos a diferença entre as três fases: assimilação, integração e coabitação. Ontem foi assimilação, hoje integração, amanhã será mais coabitação, porque os migrantes querem, como todos os outros, manter a sua identidade e já não buscam a assimilação. É, portanto, essencial inventar um modelo que permita a integração e a coabitação. Esse trabalho de memória não retarda o futuro, ao contrário, permite-nos preparar-nos para ele.

Terceiro exemplo deste semifracasso: a ausência de grandes projetos europeus para criar o orgulho de estarmos juntos. Projetos, em todas as áreas (agricultura, indústrias, ecologia, escolas, defesa, etc.), com grande visibilidade e força política comum e a evidente vocação de fortalecer o conhecimento mútuo e o orgulho de atuar em conjunto. Tudo isso pode ser alcançado pela inteligência comercial, científica e agrícola da Europa. Acima de tudo, devemos fazer comparações no que diz respeito à divisão e organização do trabalho. Revalorizar o trabalho e lutar contra a ideologia digital que quer reduzi-lo a questões de inteligência artificial e robôs. Trabalho humano contra a influência da tecnologia digital.

Em quarto lugar, promover a comunicação política europeia. É certo que não existe uma língua comum, nenhum espaço público ou meios de comunicação social europeus, mas os debates sobre o funcionamento da Europa e as suas relações com o mundo são permanentes. Deveríamos, portanto, falar mais sobre isso. Principalmente porque discutir, decodificar e dialogar entre vinte e sete membros cria uma imensa comunicação política que não existe em nenhum outro lugar do mundo. Um exemplo de uma possível invenção para a comunicação política: debater e promover o secularismo, que é, em última análise, um bem comum para a Europa. Certamente as definições e tradições não são as mesmas, mas, apesar de todas as diferenças culturais e religiosas, existe uma espécie de "secularismo europeu". O secularismo é, em síntese, uma proteção contra o radicalismo. Todas as religiões estão presentes na Europa, houve inúmeras guerras religiosas, mas hoje todas as religiões coexistem. Debater o secularismo, especialmente no Mediterrâneo, é uma oportunidade considerável, especialmente porque concordamos em debater mesmo na ausência de meios de comunicação social europeus. A Europa faz parte de todos os nossos espaços públicos nacionais.

Outro erro? Não há esforço suficiente para compreender as diferenças radicais na cultura e na construção política. É verdade que temos dificuldade em compreender-nos uns aos outros, mas contentar-nos, por exemplo, com a cultura behaviorista das sondagens para explicar a complexidade das realidades históricas e culturais das opiniões públicas é em grande parte insuficiente. Onde estão os estudos qualitativos e a compreensão de julgamentos, caricaturas, estereótipos, representações e valores inevitavelmente contraditórios dependendo dos lugares onde vivemos, pensamos e trabalhamos, nos vinte e sete países? Onde estão os acadêmicos e as escolas quando falamos de estruturas culturais europeias? Onde estão os programas de pesquisa para compreender a alteridade?

Um exemplo de comunicação política a desenvolver: a análise das razões pelas quais a Europa finalmente mudou sem debate, há trinta anos, a favor do liberalismo econômico mais radical, quando havia uma tradição de intervenção estatal e distribuição de riquezas. Por que ocorreu essa conversão quase unânime de todos os Estados ao liberalismo econômico muito distante das tradições europeias? Atualmente, quando sair da globalização liberal é essencial, não há, contudo, mais debates do que antes! Por outro lado, por que os europeus são tão sérios e sem humor? No entanto, o humor é um curto-circuito da inteligência. Religar os acontecimentos à História constitui um acelerador da construção da Europa e não o contrário como aconteceu durante muito tempo.

Por exemplo, é essencial limitar a concorrência excessiva dos canais de notícias, que dramatizam a vida cotidiana e generalizam uma visão belicosa do mundo. Em vez disso, deve-se contar diariamente como a Europa está sendo construída, com anedotas, boas notícias, informações inesperadas. Resumindo, conhecer e se acostumar. É preciso revalorizar o papel dos políticos, formar jornalistas, reduzir a arrogância dos especialistas, ouvir empreendedores, não apenas as finanças. A Europa não é um Estado em tamanho maior: é algo que se inventa sem líder! Obviamente é a comunicação política mais complicada e frágil do mundo porque se, em cada país, o espaço público se baseia em séculos de história, ação e conflitos, nela tudo se move rápido, sempre mais rápido, com cada vez mais parceiros. A comunicação política da Europa é provavelmente o projeto mais difícil, especialmente porque é na vida cotidiana que a legitimidade política é lentamente construída. Ninguém fala sobre isso, o que é ainda mais paradoxal porque os cidadãos europeus são os mais informados, os mais politizados do mundo, nos espaços públicos mais democráticos do planeta!

Comunicação política? Provavelmente a dimensão mais complicada da construção da Europa, a mais subestimada pelas elites. Porém, é sem dúvida também a mais interessante porque nunca houve na história a invenção de um quadro político tão vasto, totalmente novo, com geometria variável, num espaço tão curto e com tanta *acomunicação*. As elites, especialmente as tecnocráticas, têm desempenhado um papel crucial, mas também têm a responsabilidade, na atual falta de imaginação, comparação e conhecimento, de tentar viver, falar e compreender a comunicação política europeia. As elites de hoje estão demasiado fechadas em si mesmas, com falta de visão histórica e, acima de tudo, de alegria, ironia e humor. Toda essa construção é tão séria, difícil, incerta, que devemos primeiro tentar rir. Afinal, se não temos nada a dizer uns aos outros, não paramos de conversar.

O quinto projeto em obra diz respeito à ampliação do papel da mídia, talvez aqui com a oportunidade de inventar uma nova legitimidade, num momento em que tudo está embutido nas redes, nos boatos, nas notícias falsas. Os jornalistas não se dão conta da deslegitimação de que a informação é objeto. Também subestimam a desconfiança a que estão sujeitos. Há muito conluio entre eles e com as elites e ausência de informação positiva e alegre nos canais de notícias. Não há jornalistas suficientes especializados no funcionamento dessa imensa invenção. Agimos demasiadamente como se a Europa fosse um Estado em tamanho maior. É algo completamente diferente, sem que saibamos muito bem no que vai dar. Entre outras coisas, não é por que os cidadãos se informam que conferem legitimidade à informação. Temos urgência em aumentar o número de pesquisas qualitativas, conhecer as diferenças culturais e ter cuidado com o pesquisado, pois o quantitativo aqui é falsamente explicativo.

Quanto mais o mundo é invadido pela indústria da informação, que mistura verdade, dados e notícias falsas, mais fundamental, indispensável e crucial se torna o papel dos jornalistas. O mundo é infinitamente mais complicado do que ontem e a qualidade dos jornalistas é ainda mais necessária. O mesmo vale para elites e acadêmicos. Por que não recorremos mais ao mundo acadêmico para simplesmente tentar compreender e explicar a complexidade da Europa? Cabe desenvolver o conhecimento, abrir muito mais cursos europeus nas universidades, expandir o Erasmus, trabalhar na migração para superar os medos e o ódio, criar mais relações com a Europa do Leste e com a margem sul do Mediterrâneo. Aceitar debater sem necessariamente concordar. Coloquemos a incomunicação no seu devido lugar: não concordarmos não significa que não possamos falar uns com os outros.

Quanto aos especialistas, deveriam ser mais modestos e não subestimar a inteligência das pessoas, especialmente porque a Europa é uma construção infinitamente complexa. É preciso muito pouco para passar da incomunicação construtiva às ameaças de uma *acomunicação* destrutiva. Basta ver a expansão de "Estados iliberais", inclusive na Europa, como a Hungria e a Polônia, para perceber a fragilidade das democracias. Quais são as duas profissões mais frágeis? A de jornalistas e magistrados, ambas imediatamente questionadas assim que o populismo se instala.

Iniciativas a desenvolver

Trata-se de incomunicações que, *a priori*, não têm impacto direto na consciência europeia. No entanto, desempenham um papel antropológico óbvio, especialmente quando se trata de confiança ou desconfiança.

Primeira medida essencial: aproximar mental e culturalmente as duas Europas, do Ocidente e do Oriente. Os desentendimentos são muito reais e silenciosos. Se ninguém questiona a reunificação, as condições desta devem ser discutidas. Estamos além da desigualdade econômica e próximos da cultura, do respeito e, acima de tudo, da História. Em suma, o que é essencial para nos reencontrarmos depois de séculos de proximidade e separados violentamente durante cinquenta anos. Duas Europas, duas culturas muitas vezes antagônicas, com pouca curiosidade mútua, verdadeiros mal-entendidos e disputas que são muitas vezes hipocritamente mantidos silenciosos. É urgente enfrentá-las, compreender um pouco melhor as tradições, filiações, respeitos e invenções. Nesta abordagem, não se deve esquecer do papel das artes, da literatura, dos documentaristas, dos arquivistas, de todas essas profissões de cultura, tradução e interpretação. A tradução permanece e sempre foi a mais bela abertura para os outros. As vinte e seis línguas da Europa desempenham um papel determinante e em grande parte subvalorizado. As incomunicações culturais são essenciais, mas convenhamos, difíceis de fazer conviver. Essa é provavelmente a principal dificuldade. O imperativo político e econômico de unir as duas Europas deixa por resolver a questão mais complicada da coabitação de histórias e tradições. As incomunicações não são os "restos" do passado, mas as condições para nos aproximarmos e trabalhar juntos.

Segunda medida fundamental, mas subvalorizada: aumentar a confiança dos europeus entre si. Acabar com os discursos de autoflagelação e finalmente divulgar o que foi feito em tão pouco tempo. Não acentuar a hierarquia entre países pequenos e grandes; encorajar esforços de compreensão mútua para o presente e o passado. Por que tanta falta de confiança e orgulho? Por que este vocabulário dominante sobre "crises", "reviravoltas", "últimas oportunidades", "obstáculos"? Por que são os europeus os primeiros a ser pessimistas em relação à Europa e a ter tão pouca confiança em si próprios? Por que países de outros continentes, incluindo a China, criam tanto fascínio? Por que nenhum acontecimento, incluindo a resistência da Ucrânia à Rússia, não desperta um pouco mais de admiração? Deve ser um caso de psicopatologia insuficientemente analisado.

Terceira medida, inventar uma vasta cooperação europeia para a pesquisa e as universidades. Também aqui os europeus não têm confiança suficiente em si próprios. Essa falta de orgulho é prejudicial para a comunidade global, mas também para os próprios europeus. No entanto, todas as condições para o orgulho passado e futuro estão presentes! Bolonha, Oxford e a Sorbonne não são as primeiras universidades do mundo? Por que os complexos de inferioridade atuais, se o conhecimento e a cultura na Europa, quaisquer que sejam os setores de atividade, são inseparáveis dos debates entre ciência, tecnologia e sociedade? Na Europa pesquisamos, conversamos e debatemos sobre tudo. Em que parte do mundo são tão fortes as ligações entre a pesquisa, a sociedade, a democracia, o passado e o futuro?

Por que ter tanta vergonha dessas "universidades de massa" em que permanece o ideal de avanço social? Por que tanto fascínio pelo ranking de Xangai que em nada corresponde à nossa cultura, a não ser o liberalismo e o elitismo mais clássicos? Como seria a universidade para todos um fracasso, quando a universidade é em toda a Europa o símbolo de um projeto democrático de emancipação? Por que não inventar com orgulho, ambição e alegria uma classificação que também seria útil para muitos países escaparem das hierarquias liberais? Por que ter vergonha do modelo de democracia de massa? Por que essa ideologia de seleção? Por que não se orgulhar da pesquisa europeia, cuja diversidade subestimamos amplamente, tanto para as ciências fundamentais quanto para as aplicadas, e que queremos alinhar demasiado com o modelo anglo-saxônico? O mesmo ocorre com o campo da justiça, que é ainda menos discutido. Silêncio comparativo! No entanto, desde a tradição romana, até todas as formas de direito que coexistiram, encontramos na história da justiça e do direito todos os elementos de grandeza e orgulho desnecessariamente postos de lado. Por que a desconfiança a qualquer referência ao "patrimônio" quando não há modernidade sem raízes?

Por outro lado, quarta medida, o turismo, sem ser muito valorizado, é, no entanto, objeto de um pouco mais de interesse. O nosso patrimônio cultural é excepcional, assim como as curiosidades e as infraestruturas, ainda que vejamos aí mais o consumo e o lazer do que a política. Basta viajar, aliás à escala humana, para descobrir a imensidão da diversidade europeia. Não é o turismo um dos maiores exemplos das diferenças europeias? No entanto, também aqui há pouco orgulho, embora os europeus sejam os primeiros turistas do seu próprio continente! Sim, o turismo é uma indústria, mas não é só isso. Além disso, junto com o meio ambiente, torna-se também questão política. Turismo? Uma das oportunidades de mistura social e cultural essenciais para a Europa. Também aqui, por enquanto, é o triunfo da economia, da velocidade, do momento. Contudo, quanto o acaso, os encontros, os acontecimentos e as viagens ajudam a criar discretamente uma "cultura comum"? O turismo é uma das modestas portas de entrada para a imensa questão da vida cotidiana e da antropologia. Aí encontramos também uma das heranças comuns da Europa: os modos de vida. Podemos enfatizar as diferenças tanto quanto as semelhanças. Basta viajar pelo mundo para ver semelhanças e diferenças. O que há de mais banal e mais cotidiano é, em suma, mais importante, mesmo em silêncio.

Cinco prioridades

1) A primeira consiste em mostrar muito mais vigilância e pensamento crítico em relação à economia dos dados. Isso nada tem a ver com informação política. As redes sociais não são um progresso "natural" para a democracia. Por que fingir acreditar que "dados" são o resultado de informação política? Trata-se antes de mais nada do mercado. Os números são gigantescos, sem qualquer controle econômico e democrático. O TikTok tem dois bilhões de usuários e a "confiança", resumindo toda a conversa fiada, triunfa. Os "cofres-fortes" e a "estocagem" de dados vão bem. Não, não há nada comparável entre informação política democrática e informação econômica, exceto novas desigualdades. Mal-entendido sobre a mesma palavra.

Em vez disso, deve-se começar pela crítica ao imperialismo de dados e GAFAM e libertar a Europa do mito da sociedade digital. Oito bilhões de usuários da internet não garantem qualquer democracia. Os regimes totalitários são os mais bem-sucedidos nesse quesito. Por que não fazer da Europa a vanguarda da luta contra o imperialismo? Ser os primeiros a escapar do fascínio digital? Com a economia de dados, a questão imediata é a da confiança. Tudo é pago, nada é de graça. Onde está o "progresso" na tecnologia digital?

2) Tirar a Europa do modelo de economia digital liberal. Há outra economia de dados a ser inventada que não é a continuação da ideologia liberal dominante há meio século. A multiplicação de aplicativos nada tem a ver com democracia. Nada garante mais entendimento e troca. O progresso técnico tem pouco a ver "naturalmente" com a democracia e nada a ver com uma "economia criativa". A introdução de regulamentação é essencial. A Europa deve alcançar a "soberania algorítmica" e colocar em perspectiva a ideologia digital dominante.

Não é a performance das conexões que cria confiança política, porque os dados não são apenas mercados. A economia digital é inseparável de um projeto político a ser inventado, caso contrário são a tecnologia, como há cinquenta anos, e as finanças que se tornam o projeto político. Por último, deve-se ter a ambição de falar sobre "declínio digital", fazer da Europa a primeira economia pós-digital e unirmo-nos e utilizarmos os dois modelos, o liberal e o social-democrata. Afinal, precisamos de ambos ao nos preparar para a era pós-digital, um horizonte para a Europa e um meio para se distinguir dos Estados Unidos e da Ásia. Em que setor importante poderia a Europa inventar uma potência econômica e cultural original? Outra visão de potência. Alguns exemplos: cultura e conhecimento, meio ambiente, Estado de direito, agricultura, serviços e artes. Em todos esses setores e em muitos outros existe singularidade na Europa.

3) Construir comunicação política. Primeiro entender, explicar melhor, promover o jogo entre as três instituições (conselhos de ministros, parlamento, Comissão Europeia). Forçar os meios de comunicação nacionais a falar regularmente e de forma positiva sobre a Europa e não como uma série de desastres. Criar o mais rapidamente possível uma reflexão crítica sobre os êxitos da comunicação política europeia. Promover decisões e não apenas anunciar desastres regularmente. Basta recordar do fracasso da Europa que deveria ter sido "evidente" na instituição da moeda única (1999), na ampliação rumo à Europa Central e Oriental (2004), pelo Brexit (2016), na luta contra a pandemia de Covid-19 (2020) e em função da invasão da Ucrânia pela Rússia (2022) para compreender a dimensão desse triste masoquismo. Se uma "mídia europeia" é prematura, nada impede que se atribua um lugar maior e sobretudo mais otimista à Europa nos meios de comunicação nacionais.

Sim, é demasiado cedo para uma diplomacia europeia ou para um exército, mas isso não impede de forma alguma ações e compromissos. Por que a ideologia do "tudo ou nada" quando a história da Europa nos lembra que foi durante inúmeras crises que ela, desde 1950, conseguiu progredir passo a passo? Por que uma cultura da desconfiança? Todos são responsáveis, dos políticos aos jornalistas, empresários, elite, mundo acadêmico. O que é necessário para que os europeus possam finalmente orgulhar-se de si próprios? Deve-se evitar ao menos dois becos sem saída. O primeiro é reduzir a complexa questão da opinião pública a uma sucessão de sondagens inadequadas dada a complexidade das opiniões públicas europeias. O behaviorismo das pesquisas encontra os seus limites. Ainda não existe opinião pública europeia, nem espaço público, nem comunicação política, salvo talvez nas suas três instituições, o que não nos impede de forma alguma de analisar as suas diferenças complementares e contraditórias. Tudo é possível exceto a redução das opiniões públicas à racionalidade das chamadas pesquisas de "opinião". Cabe inventar outras ferramentas e primeiro encontrar a profundidade da história e da política.

A segunda armadilha é a tomada do poder por especialistas em relação aos políticos, que, sem soluções, recorrem a inúmeras empresas de consultoria, cada uma mais "competente" que a outra. Não são especialistas que farão cidadãos ter confiança. A tecnocracia europeia assemelha-se estranhamente às tecnocracias nacionais.

4) Promover a diversidade linguística e cultural europeia e evitar o bunker democrático. A Europa é, na realidade, apenas uma soma de diversidades e incomunicações. Por que não assumir mais responsabilidade por ela? Afinal, a declaração fundamental da UNESCO, de 2005, a favor do respeito à "diversidade cultural" é, antes de tudo, uma iniciativa europeia! A Europa nunca será unitária, mas sim "unida na diversidade", como diz o seu slogan. Isso não nos impede de viver juntos e, sobretudo, de definir outra política de acolhimento para migrantes legais e ilegais. O fechamento ao outro, num mundo onde todos veem tudo, corre o risco de dar origem a grandes reações contra a Europa. A parte mais democrática do mundo trai os valores de acolhimento a migrantes dos quais também necessita. Por que tamanha

ansiedade em relação a esse outro? Quer-se que um mundo aberto às finanças, aos negócios, aos ricos e que o Mediterrâneo seja como um cemitério para os pobres? A história da humanidade é a história de migração ilegal. Nunca falamos sobre, para além da sua força de trabalho, as contribuições dos migrantes legais e ilegais durante séculos.

Outro trabalho político essencial a ser realizado: um olhar crítico sobre as colonizações. Pegar todas essas histórias em que a Europa é onipresente e fazer um balanço, trabalhar na história. Romper com o silêncio dominante há meio século. Abrir-se, conversar sobre tudo. Nenhuma Europa é possível se não houver um retorno a essas inúmeras histórias. Nenhuma utopia é possível sem um retorno ao passado e à História. Naturalmente deve-se desenhar um horizonte. Por que não a de um presidente da Europa eleito por sufrágio universal? Impossível? Não é mais impossível do que a própria utopia europeia. Criar um símbolo e aumentar um pouco a sua autoconfiança. Não será a democracia, apesar de todas as tragédias, o patrimônio da Europa?

5) Finalmente, como podemos construir a Europa deixando a juventude de lado de forma tão lamentável? Por que reduzi-la aos mercados digitais? Compartilhar os mesmos aplicativos não constitui um projeto político. Tudo está parado há pelo menos uma geração. A eleição do parlamento por sufrágio universal não é suficiente para criar consciência política, nem um projeto, nem uma utopia. Não damos nada aos jovens, a não ser poder aceder a ainda mais telas e conexões. A adaptação à tecnologia nunca foi um projeto político. É essencial retomar, por exemplo, todas as tradições de trabalho existentes em relação às "promessas" do digital,

especialmente para a agricultura e a indústria. Reinventar um mundo de serviços infelizmente reduzido à interatividade, ao uso de redes e amanhã aos robôs conversacionais! Mil coisas precisam ser inventadas para a escola e a universidade. Não se esquecer de generalizar o Erasmus e todas as formas de intercâmbio. Promover a aprendizagem de três ou quatro línguas para preservar o pluralismo. Intercâmbio com a Europa do Sul e do Leste. Retomar a geografia e a história e todas as histórias desde o Sacro Império Romano até os três impérios multiculturais, otomano, russo, austro-húngaro. Sem esquecer as relações entre nacionalidades, guerras, religiões, tradições, identidades belicosas. Revalorizar o papel do Mediterrâneo. Tudo tem que ser "embarcado" no que se chama de relação com o outro. Esse outro que na história da Europa foi tão central e tão violento. Outro que não podemos esquecer nem dominar como ontem. Nada proíbe conflitos, mas todas as coabitações podem ser benéficas. Um projeto simples que deverá ser implementado rapidamente: um serviço cívico europeu obrigatório centrado em particular na ecologia e na diversidade cultural, que poderia constituir uma experiência Erasmus complementar. Quem pode inventar mais facilmente do que os jovens? Tudo tem de estar interligado entre identidade, autoconhecimento e alteridade. Não há utopia política sem história, religiões e memórias políticas. A Europa ilustra perfeitamente esta realidade bem conhecida: quanto mais o tempo passa, mais tudo reaparece, mais temos que falar de tudo e enfrentar a questão das convivências.

Eis o desafio da incomunicação, encorajar as pessoas a retomarem a negociação para evitar a *acomunicação*, assumindo uma lógica de mediação.

Tradução, passaporte de acesso aos outros

A tradução e os seus profissionais (intérpretes, tradutores, arquivistas, etc.) são a outra face da globalização, menos visível e espetacular, mas igualmente fundamental. Não é possível abertura aos outros sem respeito pelas identidades culturais, sobretudo pelas línguas e, portanto, pelas traduções. Não há globalização pacífica sem indústrias de tradução reconhecidas, abundantes e brilhantes. Estamos longe disso, quase o contrário. Ah, se os tradutores pudessem ser marginalizados e substituídos por robôs e agentes conversacionais!

Isso apesar da assinatura da Convenção para o Respeito à Diversidade Cultural, na UNESCO, em outubro de 2005. Por que reconhecemos, com a ecologia, a necessidade de preservar a diversidade do meio ambiente e não a das culturas? Especialmente porque a diversidade cultural é ao menos tão política quanto a ecologia. E mais, porque os conflitos culturais – línguas, memórias, representações, territórios, concepções de liberdade – são muitas vezes expressos com grande violência. A tradução é, portanto, a primeira condição do respeito pelos outros. Isso mostra que ainda é uma questão política. Símbolo? Como escrevi em *A Última Utopia*: *Nascimento da Europa Democrática* (1993), no dia em que na Europa existirem escritórios de tradução em todas as cidades, reconheceremos então tanto o objetivo democrático do projeto como o papel central das traduções. Multiplicaremos as traduções, em todos os idiomas, sem hierarquia, numa fantástica feira de palavras e sotaques. Tradutores e intérpretes serão finalmente valorizados. Infelizmente ainda estamos muito longe disso. Nunca existem recursos financeiros para os tradutores e as traduções são sistematicamente consideradas "demasiado" caras. Por que sempre há dinheiro para "tradutores automáticos"? Tradução? O símbolo mais visível da impossibilidade de nos compreendermos fácil e diretamente. Ao mesmo tempo, é uma lição de modéstia e uma imensa homenagem a tradutores, documentalistas, arquivistas e eruditos. Traduzir é como comunicar, tentar aproximar-se, negociar e conviver de acordo com esta formidável realidade: praticamente nunca há igualdade entre línguas e traduções, assim como não há entre pessoas e culturas. A tradução e a interpretação também simbolizam trocas desiguais. A tradução, neste sentido, deveria ser a primeira indústria da globalização, aquela que através dos seus esforços, das suas dificuldades e dos seus milagres ilustra a complexidade das relações entre sociedades e culturas. Quanto mais rápidas e numerosas são as trocas de palavras, imagens, sons e dados, mais ressurge a questão da tradução e, portanto, da fragilidade do sentido. Trocar facilmente não é sinônimo de melhor entendimento mútuo. A tradução simboliza, portanto, duas dimensões essenciais da comunicação. A realidade inevitável da diversidade cultural e linguística e a necessidade de trabalho humano, com o seu custo, para reduzir os riscos de falhas de comunicação.

Próxima batalha? Conhecimento e saber

O mundo acadêmico, digam o que quiserem, foi esmagado durante quarenta anos pelo mundo dos meios de comunicação, das redes, dos eventos e pela cultura das celebridades. A informação não matou o conhecimento, ela o marginalizou. O ambiente acadêmico tem a sua cota de responsabilidade nessa marginalização. Foram as indústrias da informação que engoliram a cultura e o conhecimento com rapidez, brevidade e competição. Quanto mais rápido a informação viaja, mais precisamos, ao contrário, de lentidão e de conhecimento, especialmente na era da "indústria de dados". Estamos testemunhando o oposto. A universidade é criticada por não ser mais rápida e moderna. Aumentamos constantemente o número de estágios nas empresas para sermos "eficazes", estamos reduzindo o ensino fundamental, impondo o modelo "de negócios". Criticamos a universidade de massas, santificamos a relação com o elitismo. Colocamos o inglês em todos os lugares para ser moderno. Quando se dará o retorno da erudição, da cultura, da extensão do conhecimento transversal para compensar essa ilusão de "conhecimento do acontecimento" sem profundidade, dominado pela tirania do efêmero? A internet, dado o volume de informação acessível, geralmente não tem mais de meio século de profundidade histórica. De qualquer forma, informação e conhecimento não são suficientes. Além disso, os enquadramentos culturais e ideológicos devem ser tidos em conta, salvando as indústrias do conhecimento e a epistemologia.

A comunidade científica parece não estar suficientemente consciente dessa ruptura. As relações entre informação, comunicação, cultura e conhecimento são cada vez mais complexas. É o que eu chamo de espaço do conhecimento. Mesmo que sejam as mesmas técnicas que utilizamos em todo o mundo para obter informação e comunicar, isso não significa que os conteúdos sejam compatíveis.

Em termos de conhecimento, as diferenças são radicais entre a globalização das indústrias do conhecimento e o universalismo.

Ao aproximarem-se inevitavelmente da sociedade e da economia, as ciências aproximam-se também dos debates sociais e políticos. O mundo acadêmico deve, portanto, defender a tradição da pesquisa e da popularização, mas também aprender a gerir as relações entre a pesquisa fundamental e a aplicada, bem como a posicionar-se em relação à ambiguidade da crescente procura de conhecimentos especializados. Cuidado com esse frenesi de expertise e "conselheiros do príncipe". Os cientistas também devem pensar nas relações muitas vezes conflitantes entre informação e conhecimento. Devem recusar-se a adaptar-se à cultura da velocidade e do conhecimento quantitativo mesmo que exista obviamente convivência global e competição entre cientistas. As ciências e o conhecimento estão no centro de um problema de incomunicação para aprender a gerir a coexistência de lógicas diferentes e preservar as especificidades. Estamos longe da "com" e da *peopolização*[10], à qual gostaríamos cada vez mais de reduzir o mundo do conhecimento e do saber.

[10] Culto a celebridades (N.T.).

Bibliografia *Hermès*

"Coabitação cultural na Europa". *Hermès,* n. 23-24, 1999.

"América Latina. Cultura e comunicação". *Hermès,* n. 28, 2000.

"Muros e Fronteiras". *Hermès,* n. 63, 2012.

"O mundo do Pacífico na globalização". *Hermès,* n. 65, 2013.

"Línguas românicas: um bilhão de falantes". *Hermès* n. 75, 2016.

"As incomunicações europeias". *Hermès,* n. 77, 2017.

"A Europa, entre as incomunicações e a guerra". *Hermès,* n. 90, 2022.

Rouet, G. (dir.), Ranking de universidades, Paris, CRNS Éditions, col. "Essenciais da *Hermès*", 2022.

Rouet, G., Turbet-Delof, Y. (org.), "Europa, entre incomunicação e guerras". *Hermès, La Revue,* n. 90, 2022.[11]

---

[11] Bibliographie *Hermès*

Hermès, la Revue, « La cohabitation culturelle en Europe », n° 23-24, 1999.

Hermès, la Revue, « Amérique latine. Culture et communication », n° 28, 2000.

Hermès, la Revue, « Murs et frontières », n° 63, 2012.

Hermès, la Revue, « Le monde Pacifique dans la mondialisation », n° 65, 2013.

Hermès, la Revue, « Langues romanes : un milliard de locuteurs », n° 75, 2016.

Hermès, la Revue, « Les incommunications européennes », n° 77, 2017.

Hermès, la Revue, « L'Europe, entre incommunications et guerre », n° 90, 2022.

Rouet, G. (dir.), *Classement des universités,* Paris, CRNS Éditions, coll. « Les Essentiels d'*Hermès* », 2022.

Rouet, G., Turbet-Delof, Y. (dir.), « L'Europe, entre incommunication et guerres », *Hermès, La Revue,* n° 90, 2022.

Elementos bibliográficos

Ackermann, E. *N'oublions pas qui nous sommes*: réflexions sur les minorités visibles. Paris: Seuil, 2023.

Bledniak, S. *et al.* (dir.). *Chroniques de l'Europe*. Paris: CNRS Éditions, 2022.

Bréchon, P.; Gonthier, F. (dir.). *La valeur des Européens*: évolutions et clivages. Paris: Armand Colin, 2014.

Calvet, L.-J. *La Méditerranée*: mer de nos langues. Paris: CNRS Édition, 2016.

Celik, Z. *Europe knows nothing about the Orient*: a critical discourse from the East (1872-1932). Istanbul: Koc University Press, 2021.

Delsol, C.; Nowicki, J. (dir.). *La vie de l'esprit en Europe centrale et orientale depuis 1945*. Paris: Cerf, 2021.

Héran, F. *Immigration: le grand déni*. Paris: Seuil, 2023.

Didi-Huberman, G. *Éparses*: voyage dans les papiers du ghetto de Varsovie. Paris: Minuit, 2020.

Huisman, D. *L'incommunication*: essai sur quelques effets pléthoriques abusifs ou pervers de la communication actuelle. Paris: Vrin, 1985.

Laurent R.; Rigaud S. *Pegasus*: démocraties sous surveillance. Paris: Robert Laffont, 2023.

Mouche, P. *Bons baisers d'Europe*. Paris: Gaïa, 2023.

Policar, A.; Dufoix, S. (dir.). *L'universalisme en débat(s)*. Lormont: Le Bord de l'Eau, 2023.

Remarque, E. *Après*. Paris: Gallimard, 1931.

Reynié, D. (dir.). *L'opinion européenne 2020-2022*. Paris: Fondation pour l'innovation politique, 2023.

Roth, J. *La Marche de Radetzky*. Paris: Seuil, 1982.

Schnapper, D. *La relation à l'Autre*. Paris: Gallimard, 1998.

Touraine, A. *Défense de la modernité*. Paris: Seuil, 2018.

Warlouzet, L. *Europe contre Europe*: entre liberté, solidarité et puissance. Paris: CNRS Editions, 2022.

Wismann, H. *Figures libres*: sur les traces de l'esprit européen. Paris: Albin Michel, 2024.

Wolff, F. *Plaidoyer pour l'universel*. Paris: Fayard, 2019.

CONCLUSÃO

De conexões e homens

Buscamos a comunicação, tropeçamos na incomunicação, negociamos para evitar a *acomunicação*. O desafio do século XXI é reconhecer o papel essencial da incomunicação na redução dos riscos de fracasso. A incomunicação leva a buscar formas de tentar se comunicar um pouco melhor. Nunca foi tão fácil trocar informações de todos os tipos, nunca foi tão difícil compreendermo-nos, nunca foi tão essencial pensar no papel positivo que a incomunicação pode desempenhar. A grande ruptura na comunicação, entre a partilha e o fracasso, é promover a negociação para evitar o insucesso. Uma terceira via da comunicação para evitar o fosso crescente entre o desempenho técnico e as dificuldades de compreensão mútua.

Incomunicação ou o símbolo da comunicação humana, não para eliminar a comunicação técnica, mas para colocar o seu papel em perspectiva. Depois do triunfo da tecnologia, cabe redescobrir a complexidade da intercompreensão humana, social e cultural, proporcional à imensa diversidade cultural que domina a globalização, colocando o lugar da tecnologia em perspectiva para levar em consideração o contexto numa globalização em que a tecnologia dá a ilusão de um mundo transparente. Tudo se complica enquanto a "revolução tecnológica" dá a sensação de que tudo se torna mais simples. De certa forma, a comunicação técnica nunca decepciona, mas até que ponto? A comunicação humana, por outro lado, é sempre decepcionante, mas sabemos disso! Sempre haverá uma oposição entre a tecnologia eficiente e a complexidade da comunicação humana. Na realidade, a incomunicação corresponde ao estatuto da comunicação após a revolução digital, após a globalização e após as dificuldades de compreensão mútua. Diante disso, a ideologia tecnicista ocupa muito espaço com todas essas palavras da modernidade: continuidade, velocidade, abundância, liberdade, redes, interatividade, gratuidade, transparência, compartilhamento, expressão. Em oposição, com a incomunicação, privilegia-se a alteridade, a convivência, o contexto, a confiança e, sobretudo, a negociação.

Símbolo da ideologia tecnicista? Acreditar que a realidade se reduz a um jogo de perguntas e respostas, como no triunfo da informação-serviço. Fazemos uma pergunta, temos instantaneamente a resposta, mas essa lógica simples só é possível para a informação como serviço. De resto, tudo é muito mais complicado; o mundo não está reduzido a um jogo de perguntas e respostas. A sedução do digital é acreditar que podemos alcançar tal simplicidade. O ponto essencial não é o jogo da "pergunta e resposta", mas o da "negociação". Negociar para chegar a um acordo. A negociação é o reconhecimento da realidade da incomunicação. Com a incomunicação vemos o retorno da política, da comunicação humana e da negociação.

Com efeito, estão surgindo dois grandes novos horizontes políticos: o da ecologia, com a questão do respeito por todas as dimensões da sociedade e da natureza; e o da incomunicação, com a realidade da negociação e da coabitação entre os povos e as culturas.

Quanto tempo levará para percebermos que a comunicação é ao menos tão importante quanto a ecologia? Não se trata do equilíbrio entre os homens e o meio ambiente, mas sim da paz e da guerra, ou seja, o que está no cerne da sociedade e ao qual os homens sucumbem regularmente! Que colapso, que conflito, que evento, que acidente será necessário para acelerar a consciência do lugar desproporcional ocupado pelas telas em todas as dimensões das nossas vidas privadas e públicas? Quando surgirá uma tecnologia do "pós"? Quando é que o cansaço, o desgaste e certa fadiga substituirão o fascínio atual?

Não, não existe filosofia técnica da sociedade, nem filosofia técnica do Homem. Não, a tela não é o símbolo do progresso. Sim, depois da internet haverá outras experiências de mundo. Sim, este vício que nos faz procurar o smartphone no bolso a cada três minutos vai acabar em breve. O monopólio da tela será simplesmente banalizado e colocado em concorrência com outras tecnologias. A tela não é o fim da História. Ao mesmo tempo, a tela é um pouco o símbolo da nossa sociedade. Pode-se encontrar tudo o que se deseja lá. Tudo está acessível. Essa é a lógica do fluxo da "sociedade da informação", acentuada por globalização, quantificação, racionalização, padronização. A lógica do fluxo, sim, na ausência de contato humano. Onde estão os corpos, os olhares, os cheiros, os gestos nessas interações infinitas?

A relação entre continuidade e descontinuidade constitui, sem dúvida, uma das grandes questões do século XXI. Hoje reina o mito da continuidade. Mas até que ponto uma sociedade pode ser quantitativa e contínua? A sociedade nunca pode estar "online". Com a incomunicação, reconhecemos a descontinuidade e a necessidade de negociar. Estamos aqui no centro de uma grande questão: manter as diferenças quando tudo é contínuo. A tela, deste ponto de vista, pertence à cultura do fluxo; a incomunicação, com a realidade da descontinuidade. A informação através do fluxo remete à cultura dominante da racionalização; a incomunicação, com as suas dificuldades, à lógica da descontinuidade. Quanto mais aberto e conectado tudo estiver, maior será a ameaça da padronização e dos seus perigos, destacada pela Escola de Frankfurt na década de 1930. Daí o interesse em levar em conta tudo o que exige negociação entre universos simbólicos contraditórios. É assim que o mundo digital contribui para um debate essencial sobre a noção de continuidade-descontinuidade. Tudo no mundo contemporâneo caminha no sentido de suavizar, fluidificar, racionalizar. A incomunicação e outras situações obrigam, ao contrário, a reconhecer a alteridade e a abrir negociações. Digital é velocidade e transparência. Incomunicação, alteridade e coabitação.

Na realidade, a emergência da incomunicação obriga-nos a pensar em cinco rupturas. Primeiro, a questão do outro. Ontem ele era etnográfico, hoje é onipresente. A proximidade não junta as pessoas, mas assusta. A hostilidade em relação à migração ilustra essa contradição. O ódio aos outros nunca está longe da transparência. Os muros são uma tentação constante. A segunda ruptura reside na obrigação de levar em conta a realidade do papel do receptor ser muito mais distante e muito menos manipulável do que acreditamos. O receptor não está necessariamente certo, mas está aí, forçando mais negociação e menos dominação. Naturalmente não há recepção sem contexto histórico e geopolítico. A terceira ruptura diz respeito aos limites das redes. Não são as comunidades e as lógicas das mesmas que importam, mas, ao contrário, as capacidades para gerir a alteridade. Os migrantes, por exemplo, não estão muito envolvidos em redes. A quarta ruptura consiste na revalorização do conceito de confiança. Tudo é possível, mas sem confiança mútua, a desconfiança se insinua e toma conta. Quinta ruptura, talvez a mais incerta, revalorizar um secularismo de confiança. O secularismo protege as liberdades culturais e religiosas, desde que a coabitação seja organizada através de negociações tão menos passíveis de desconfiança quanto possível. Essas cinco rupturas colocam a questão humana, social e política no centro da comunicação.

Existem duas visões de mundo antagônicas, uma dominante e aparentemente aberta a todos, da internet, dentro de certa lógica racional, e outra mais aleatória e complicada, da comunicação; a obrigação é de negociar entre mundos simbólicos diferentes. Um grande debate antropológico no início do século XXI nos obriga a repensar a relação com os outros e o papel essencial da história das memórias, das representações, dos estereótipos e das traduções.

Tudo isso reflete uma mudança radical de lógica. Ontem dominavam a mensagem e o emissor; hoje, o receptor e o contexto. Dá-se também o retorno do tempo e da lentidão.

Já não existe uma "noite de gala da tecnologia", mas sim uma consciência aguda dos perigos da *acomunicação* e da necessidade urgente de negociação. A incomunicação é, em suma, um redutor de risco em relação à *acomunicação*. Tentativa de evitar o fracasso, mas também método para tentar pensar sobre as imensas contradições da globalização, da ecologia, da saúde, da educação e, acima de tudo, talvez, do ódio ao "outro". Nunca se deve esquecer que não há nada de incompatível entre o triunfo do mundo digital, a velocidade, a transparência das trocas e o ódio aos outros.

Na verdade, a comunicação é uma grande questão, a do Outro. Como podemos negociar e coabitar para evitar que a "transparência tecnológica do mundo" se transforme em intolerância? Não são as tecnologias, as conexões e performances que reduzem o ódio aos outros; pode até ser o contrário. Poucas vezes os homens estiveram tão embriagados, viciados em tecnologias e em desejo de expressão. Raramente os riscos de incomunicação foram tão grandes. Nunca a questão da comunicação foi tão difícil. Na realidade, na formidável questão da relação com o outro, a performance das tecnologias nunca esteve tão próxima, paradoxalmente, da tentação da violência. Podemos ser obcecados pela comunicação e ser violentos. As tecnologias raramente despertaram tantos sonhos de compreensão mútua e tão pouco respeito e atenção aos outros.

Sim, a revolução tecnológica é considerável. Não, não basta reduzir os riscos de comunicação e de guerra. A força da incomunicação reside na legitimidade da negociação. Negociar, negociar, negociar para tentar conviver. Pare de querer "adaptar" o homem e a sociedade à tecnologia digital.

Fazer o oposto. Talvez finalmente adaptando a tecnologia aos humanos. Redescobrir e revalorizar a descontinuidade. Ideologia técnica? Acomodar-se em um presente indefinido, evacuando a questão inevitável das consequências técnicas. Em uma palavra, parar a história. Pensar a incomunicação é, portanto, pensar nas consequências do triunfo da tecnologia e na reintrodução da história.

Haverá, portanto, um depois do "Homem Digital". Para isso, devemos começar por lutar contra o mito do Homem Aumentado e enfrentar com cautela a negociação da relação com os outros, esse outro, tão procurado ou não, em todo caso tantas vezes inatingível. É fundamental lembrar que para cada um de nós não são as tecnologias que interessam, mas o outro e a comunicação humana.

Incomunicação, ou o retorno do humano.

Livros do autor no Brasil

Comunicar é negociar. Porto Alegre: Sulina, 2023.

Um brinde à incomunicação: reflexões a partir da Europa. São Paulo: Paulus, 2002.

Papa Francisco: o futuro da fé. São Paulo: Petra, 2018.

Informar não é comunicar. Porto Alegre: Sulina, 2010.

O futuro da francofonia. Porto Alegre: Sulina, 2009.

Internet, e depois? Porto Alegre: Sulina, 2007.

É preciso salvar a comunicação. São Paulo: Paulus, 2006.

Pensar a comunicação. Brasília: UnB, 2004.

O elogio do grande público: uma teoria crítica da televisão. Rio de Janeiro: Vozes, 1996.

Este livro foi confeccionado especialmente
para a Editora Meridional Ltda.,
em Crimson Text, 11,5/16 e
impresso na Gráfica Noschang.